Nueva Evangelización 8

INFANCIA Y FILIACIÓN EN LA VIDA CRISTIANA

Juan Carlos Vera

Infancia y filiación en la vida cristiana

Ciudad Nueva

1ª edición: abril 2025

© Juan Carlos Vera Gállego

Edición: *Ana Hidalgo*
Maquetación y diseño gráfico: *Antonio Santos*

© 2025, Editorial Ciudad Nueva
José Picón 28 - 28028 Madrid
www.ciudadnueva.com

ISBN: 978-84-9715-617-2
Depósito legal: M-9.847-2025

Impreso en España - Printed in Spain

Imprime: Estugraf Impresores - Ciempozuelos (Madrid)

Si no os hacéis como niños,
no entraréis en el Reino de los Cielos.
(Mateo 18, 3)

Siglas

AT   *Antiguo Testamento*

GE   CONCILIO VATICANO II, Declaración *Gravissimum educationis* sobre la educación cristiana (28-10-1965)

LF   FRANCISCO, Encíclica *Lumen fidei* (29-6-2013)

NDC   CONSEJO PONTIFICIO PARA LA NUEVA EVANGELIZACIÓN, *Directorio para la catequesis* (2020)

OC   TERESA DE LISIEUX, *Obras completas*, Monte Carmelo, Burgos [8]1994

Prólogo

Dice sabiamente el *Directorio para la catequesis* que «esta etapa de la vida, en la que tradicionalmente se distingue la *primera infancia* o edad preescolar de la *niñez*, se caracteriza, a los ojos de la fe y de la misma razón, por tener la gracia de una vida que comienza, definida por la sencillez y la gratuidad de la acogida. San Agustín ya señalaba la infancia y la niñez como tiempos en los que se aprende el diálogo con el maestro que habla en la intimidad. Es desde una edad temprana que el niño debe ser ayudado a percibir y desarrollar el sentido de Dios y la intuición natural de su existencia (cf. *GE* n. 3). De hecho, la antropología y la pedagogía confirman que el niño es capaz de Dios, y que sus preguntas sobre el sentido de la vida surgen incluso aunque los padres presten poca atención a su educación religiosa. Ellos tienen la capacidad de preguntarse por el sentido de la creación, la identidad de Dios, el porqué del bien y del mal, y son capaces de alegrarse ante el misterio de la vida y del amor» (*NDC* 236).

Estas afirmaciones del Directorio para la Catequesis deberían provocar en nosotros algunas preguntas: ¿De verdad somos plenamente conscientes,
estamos suficientemente persuadidos de que los
niños son capaces de Dios, como argumentan los
antropólogos y los pedagogos? ¿Acaso no recor-
damos que el mismo Jesús nos puso de ejemplo a
los niños para mostrarnos la autenticidad de la experiencia de Dios? ¿No será cierto que no solo sus
padres, sino tampoco los evangelizadores (sacerdotes, agentes de pastoral, catequistas, etc.), pres-
tamos suficiente atención al despertar, al desarrollo
ni a la madurez religiosa de los niños, porque no
tenemos clara la respuesta a la primera ni a la segunda pregunta?

El autor de este libro es consciente de este dé-
ficit de atención y de valoración de la infancia,
pues, como nos indica en sus primeras páginas,
«no es fácil afirmar actualmente, desde una perspectiva predominantemente *adulta* –no solo personal, sino cultural-, la necesidad de recuperar el
paraíso perdido de la infancia sin caer en la acusación de favorecer el *infantilismo* –contra la *mayoría
de edad*– y la *dependencia* –contra la *autonomía*–
de los seres humanos».

Hace unos años, en el ámbito de la reflexión
catequética en España, tuvo un gran impacto un
artículo publicado por el profesor Juan Carlos

Carvajal[1]. Partiendo de las palabras de Jesús que encabezan este libro («Dejad que los niños se acerquen a mí, no se lo impidáis, porque de los que son como ellos es el Reino de Dios», *Mc* 10, 14), el profesor Carvajal nos recodaba –al igual que lo hace en este libro Juan Carlos Vera– que «los niños, por el hecho de serlo, poseen una disposición innata que los hace especialmente receptivos a los misterios del Reino»[2].

El artículo del profesor Carvajal tuvo un gran impacto, porque en él ponía de manifiesto que esta afirmación de Jesús, por todos conocida, no era seriamente tomada en cuenta ni en el ámbito de la evangelización de la infancia en general ni en el de la catequesis de iniciación cristiana de niños en particular. De modo que, si la comunidad cristiana ignora «esa disposición que los hace sintonizar de un modo especial con el reino de Dios» de los niños, ignora esa puerta que Dios ha preparado para acercarse a sus hijos más pequeños. Y que «si la comunidad cristiana la ignora y no la atraviesa con ellos de la mano, todos sus esfuerzos serán en vano. Los fracasos que actualmente cosechamos en la Iniciación

---

[1] J. C. CARVAJAL, «El proceso espiritual de conversión en la iniciación cristiana de niños y adolescentes. Fundamentos y esbozo», en *Actualidad Catequética* n. 253 (2017/1), pp. 99-144.

[2] *Ibid.*, p. 99.

cristiana de niños y adolescentes ¿no nos están indicando que algo estamos haciendo mal? ¿No estaremos construyendo la casa sobre arena al ignorar la roca que el Señor proporciona a su Iglesia por medio de la infancia? En nuestros proyectos pastorales ¿nos paramos a pensar y a discernir de qué modo el misterio de Dios se hace presente en la vida de los niños y cuál es esa connaturalidad que los hace especialmente receptivos?»[3].

Tanto la Conferencia Episcopal Española, a través de la Comisión Episcopal para la Evangelización, la Catequesis y el Catecumenado, como algunas diócesis a través de sus delegaciones episcopales de catequesis (como fue el caso de Madrid), invitaron al profesor Carvajal a explicar estas cuestiones, pues había saltado una señal de alarma, según su concienzudo análisis, que nos llevaba a la conclusión de que en nuestra pastoral de la infancia y en nuestras catequesis no se tiene suficientemente en cuenta la vivencia espiritual de los niños, al ser contemplados desde la perspectiva de los adultos.

Para argumentar esta tesis, el profesor Carvajal apuntaba dos fundamentos insoslayables: el teológico, sobre la condición espiritual de la infancia, y el psicológico-educativo, sobre la reivindicación

---

[3] *Ibid.*, p. 100.

de la capacidad espiritual de los niños; una reivindicación que ponía en entredicho la tendencia habitual a simplificar la propuesta experiencial de la fe para los niños, e incluso a distinguir de modo artificial entre promover la inteligencia espiritual de los niños y proponer explícitamente la fe y la experiencia cristianas, con la justificación de una supuesta incapacidad cognitiva de la infancia a acoger en su máxima profundidad y totalidad el don de la fe cristiana; cosa que es completamente falsa.

Como explicaba Carvajal, «los niños no son una pizarra en blanco. El reto por el que pasa hoy la transmisión de la fe es que los padres, sacerdotes y catequistas reconozcan y acojan las vivencias espirituales que portan los niños. Solo a partir de este reconocimiento y el subsiguiente discernimiento, la propuesta cristiana superará la tentación de ofrecerse como un proceso de adoctrinamiento y moralización, y podrá revelar la capacidad que tiene para interpretar dichas vivencias y desarrollarlas hacia una plenitud que solo es capaz de aportar el anuncio y la educación cristiana. Este debe ser el punto de partida; solo a partir de su consideración, la propuesta cristiana podrá encontrar las piedras de amarre en las que, bajo la acción de la gracia, asegurará la experiencia de fe en Jesucristo»[4].

[4] *Ibid.*, p. 120.

En el contexto de una reflexión teológica sobre este tema (año 2017) y de la consiguiente y consecuente revisión del discernimiento pastoral sobre la infancia, otro Juan Carlos, en este caso Juan Carlos Vera, entonces vicario episcopal de la Vicaría Territorial 1ª de Madrid, aportó a este debate catequético esta riquísima reflexión que ahora, por fin, publicamos, como ayuda a la formación de los agentes de pastoral de la infancia y de los catequistas de iniciación cristiana de niños, convencidos de que su lectura va a ser muy valiosa tanto para la vida espiritual de los catequistas como para servir mejor a la misión evangelizadora que se les ha encomendado.

Creemos que la lectura de este libro es muy valiosa, en primer lugar, porque el libro que tienes en tus manos explica profusamente –y con ello aporta intelectualmente y anima espiritualmente para bien de los evangelizadores– el arriba mencionado fundamento teológico sobre la condición espiritual de la infancia. Y lo hace partiendo de dos conceptos que pone en relación y que son en sí mismos imprescindibles, y cuya relación es aún más imprescindible para entender el «si no os hacéis como ellos no entraréis en el Reino de los cielos». Se trata de los conceptos de infancia y de filiación, como experiencia humana y como experiencia religiosa, intercalando en ambas esas siete dimensiones y experiencias de la infancia que el autor de este libro desarrolla: la procedencia, la indigencia, la confianza, la receptividad, la simplicidad, el asombro y el crecimiento. Dimensiones que, si desde el punto de vista de la experiencia humana suponen un correctivo a la engañosa autosuficiencia adulta, desde el punto de vista de la experiencia religiosa nos abren al misterio de su identidad más auténtica, la de la confianza en un Dios que es Padre. Desde siempre nos enseñaron los maestros en la fe que esta no consiste solo en asentir al don que se nos ha revelado (*fides quae*), sino sobre todo en abandonarse confiadamente a Dios (*fides qua*)[5]. Como dice el papa Francisco, «creemos en Jesús cuando lo acogemos personalmente en nuestra vida y nos confiamos a él, uniéndonos a él mediante el amor y siguiéndolo a lo largo del camino (cf. *Jn* 2, 11; 6, 47; 12, 44)» (*LF* 18).

Y, en segundo lugar, creemos que la lectura de este libro es muy valiosa porque este desarrollo de la relación entre infancia y filiación, tanto humana como religiosa, lleva al autor a dos desarrollos tan importantes como necesarios hoy: el de aprender

[5] «La fe cristiana es, ante todo, la acogida del amor de Dios revelado en Jesucristo, la adhesión sincera a su persona y la decisión libre de seguirlo. Este sí a Jesucristo implica dos dimensiones: el abandono confiado a Dios (*fides qua*) y el asentimiento amoroso a todo lo que nos ha revelado (*fides quae*)»: *NDC* 18 (p. 34).

de los niños las claves de la auténtica espiritualidad cristiana, y, en consecuencia, también el de reivindicar la capacidad espiritual de los niños, para no caer en los habituales reduccionismos al transmitirles la fe cristiana. Y es que ambos objetivos son valiosísimos para todos los discípulos misioneros, pero especialmente para todos los catequistas y desde todas las dimensiones de su formación, apuntadas por el *Directorio para la catequesis* (*NDC* 136-150): su *ser* o identidad, su *saber estar con*, su saber (teológico y pedagógico), y su *saber hacer*, porque solo serán buenos catequistas si se hacen como niños (si saben acoger el Reino de Dios como los niños), si saben estar con los niños, *haciéndose uno* con ellos, y si saben hacer que los niños *se acerquen* a Jesús, siguiendo su reclamo: «Dejad que los niños se acerquen a mí».

MANUEL MARÍA BRU ALONSO
Delegado Episcopal de Catequesis
Archidiócesis de Madrid

Introducción
¿Hacernos como niños?

1. UNA VOCACIÓN SIN EXCLUSIONES

En una época como la nuestra, en la que, como buenos hijos de la Ilustración, nos enorgullecemos de proclamar la *edad adulta* del ser humano, su autonomía y su libertad de conciencia y elección, la palabra de Jesús suscita quizá más extrañeza de la que pudo suscitar en sus contemporáneos, incluido Nicodemo, que no oculta su perplejidad cuando Jesús le dice: «Te aseguro que el que no nazca de nuevo no puede ver el Reino de Dios» (*Jn* 3, 3). A lo que él replica: «¿Cómo es posible que un hombre vuelva a nacer siendo viejo? ¿Acaso puede volver a entrar en el seno materno para nacer de nuevo?» (3, 4). Y Jesús: «¿Tú eres maestro en Israel y no sabes estas cosas?» (3, 10), como afirmando que no se trata de algo muy difícil de comprender, especialmente para *los pequeños*, los que, a pesar de haber crecido, mantienen la sencillez del corazón: «Te doy gracias, Padre, Señor del cielo y de la tierra, porque has ocultado estas cosas a los sabios y entendidos y se las has revelado a los sencillos. Sí, Padre, así te ha parecido bien» (*Mt* 11, 25-26).

En el fondo, se refiere a quienes no han perdido lo mejor, lo permanentemente válido, de la *infancia*; y llega a afirmar que solo ellos podrán entrar en el Reino de los cielos: «En aquel tiempo se acercaron los discípulos de Jesús y le dijeron: "¿Quién es el más importante en el reino de los cielos?". Él llamó a un niño, lo puso en medio de ellos y dijo: "Os aseguro que si no cambiáis y os hacéis como niños, no entraréis en el reino de los cielos. El que se haga pequeño como este niño, ese es el mayor en el reino de los cielos. El que acoge a un niño como este en mi nombre, a mí me acoge"» (*Mt* 18, 1-5). Esto es, de algún modo, lo que se vive en la catequesis infantil cotidianamente y lo que nos permite adentrarnos cada vez más en el misterio de Dios y de su reino de la mano de los niños y, en cierto sentido, guiados por ellos.

a. *Gracia y mandamiento*. Para Jesús, no se trata de algo secundario u opcional, sino de una verdadera exigencia de quien se considera su discípulo. Algo que D. Miguel de Unamuno intuyó perfectamente y que le hizo escribir:

Agranda la puerta, Padre,
porque no puedo pasar.

La hiciste para los niños,
yo he crecido a mi pesar.
Si no me agrandas la puerta,
achícame, por piedad.
Vuélveme a la edad bendita
en que vivir es soñar.

Se trata, podríamos decir, de una *gracia*, un regalo y una posibilidad que Dios otorga al ser humano; y, a la vez, de un *mandamiento* –quizá el más radical de todos ellos, la raíz y el fundamento de los demás– como la *pobreza de espíritu* (cf. *Mt* 5, 3):

«Insisto, se trata de una condición indispensable para todos los adultos, hombres y mujeres. En este sentido, la *infancia espiritual* no es un consejo o una recomendación o un método de espiritualidad. Es un verdadero mandamiento, un mandamiento quizá intempestivo pero inexcusable, inactual pero intemporal, ignorado hoy pero vigente siempre, un mandamiento difícil de cumplir, como todos, y más fácil de tergiversar que otros»[1].

---

* Al final del libro, en la bibliografía, están las referencias completas de las obras citadas *[nde]*.

[1] J. M. CABODEVILLA, *Hacerse como niños. Necedad para los sabios y escándalo para los justos*, p. 30.

Es, por ello, un *mandamiento paradójico* que implica, ante todo, *despojarse* de nuestros propios *méritos*, no atribuírnoslos a nosotros mismos, sino saber vivirlos como un *don* que nos precede, que se nos ha otorgado antes de que pudiéramos hacer algo para merecerlo, pero que, una vez recibido, exige nuestro *consenso* y *compromiso* para crecer y dar fruto:

> Permanecer niño es reconocer nuestra nada, esperarlo todo de Dios como un niño espera todo de su padre… Ser pequeño significa no atribuirnos a nosotros mismos las virtudes que practicamos, creyéndonos capaces de algo, sino reconocer que Dios pone ese tesoro de la virtud en la mano del niño; pero es siempre tesoro de Dios» (Teresa de Lisieux)[2].

b. *Experiencia de filiación.* Por otro lado, la *infancia* como *actitud espiritual*, es decir, como disposición interior del corazón, no se puede separar de la experiencia de *filiación*, de sabernos *hijos en el Hijo*, como dice san Pablo. Porque, incluso desde una perspectiva puramente humana, solo una vivencia positiva y gozosa de *ser hijo* puede revelar

---

[2] Cf. lo que dice FRANCISCO en su exhortación apostólica *C'est la confiance* (15-10-2023), en el 150º aniversario del nacimiento de santa Teresa del Niño Jesús, n. 3.

toda la riqueza de la infancia y desarrollar todo su potencial para la maduración del ser humano. Y así lo reconoce san Pablo:

> Ahora bien, mientras el heredero es menor de edad, aun siendo dueño de todo, en nada difiere de un siervo, sino que está bajo tutores y administradores hasta el tiempo señalado por su padre. Así también nosotros, mientras éramos menores de edad, vivíamos esclavizados por las potencias cósmicas. Pero cuando llegó la plenitud de los tiempos, Dios envió a su propio hijo, nacido de mujer, nacido bajo el régimen de la ley, para liberarnos de la sujeción de la ley y hacer que recibiéramos la condición de hijos adoptivos de Dios. Y la prueba de que sois hijos es que Dios envió a nuestros corazones el Espíritu de su Hijo, que clama: *Abba*, es decir, «Padre». De suerte que ya no eres siervo, sino hijo y, como hijo, también heredero por gracia de Dios (*Ga* 4, 1-7).

Este texto paulino, cargado de riqueza y sugerencias, nos ayuda a comprender, además, que solo desde la experiencia de *ser hijos* es posible superar la *minoría de edad* y, por tanto, que es imprescindible una experiencia positiva de la filiación para alcanzar la madurez personal, que no está reñida con la invitación de Jesús a «hacernos como niños».

Se trata, sin embargo, de una segunda infancia, de una recuperación adulta, consciente, libre y costosa de la *inocencia original*: la primera infancia. En el fondo, es un retorno, a través de la fe y la conversión personal, al *paraíso perdido* de la niñez, que puede describirse como *el retorno del hijo pródigo*:

> Está claro que hay que recorrer la distancia entre la salida de casa y el regreso de forma sabia y disciplinada. La disciplina consiste en llegar a ser hijo de Dios. Jesús deja claro que el camino para llegar a Dios es el camino de la infancia. «Os aseguro que si no cambiáis y os hacéis como niños, no entraréis en el reino de los cielos». Jesús no me pide que siga siendo un niño, sino que llegue a serlo. Convertirse en niño significa vivir de acuerdo con una segunda inocencia: no la inocencia del recién nacido, sino la inocencia que se consigue haciendo opciones conscientes[3].

2. UNA DIFICULTAD CRECIENTE

Sin embargo, como decíamos, no es fácil afirmar actualmente, desde una perspectiva predomi-

[3] H. NOUWEN, *El regreso del hijo pródigo. Meditaciones ante un cuadro de Rembrandt*, p. 59.

nantemente adulta –no solo personal, sino cultural–, la necesidad de recuperar el paraíso perdido de la infancia sin caer en la acusación de promover el *infantilismo* –contra la *mayoría de edad*– y la *dependencia* –contra la *autonomía*– del ser humano.

a. *Olvido de la infancia*. En primer lugar, resulta difícil describir la experiencia de nuestra infancia, porque parece una vivencia vinculada a un pasado que a menudo no resulta fácil recordar o se prefiere olvidar (al menos, en sus aspectos negativos):

> Como ya no somos niños, permanecemos conscientes de esa posibilidad de error que se produce para el adulto en la relación con su propia infancia, que le es familiar y, sin embargo, también extraña; que se acuerda de ella, pero también la olvida; que por eso también tiene el peligro –como se ve en los recuerdos de la infancia– de estilizarla, deformándola por algún lado[4].

Y lo mismo cabría decir de nuestra experiencia de filiación, al menos en su etapa inicial (*fundacional o constitutiva*), estrechamente vinculada a la primera infancia. Y, sin embargo, ni la *infancia* ni la *filiación* se refieren solo a un pasado remoto, sino

---

[4] R. GUARDINI, *La aceptación de sí mismo. Las edades de la vida*, p. 51.

al presente –aun cuando seamos adultos que no sienten ya necesidad de padres–, porque el hecho de «ser generados», en sentido amplio, no se refiere solo a la *causa* de nuestra existencia, sino que marca permanentemente nuestra *conciencia*, la imagen de nosotros mismos (no siempre consciente) y nuestro modo de ser personas (de pensar, sentir, valorar y actuar)[5].

Y es justamente esta importancia de nuestra propia vivencia de la *infancia* y *filiación* la que puede hacer más difícil la aceptación consciente y el aprovechamiento lúcido de los valores que esa etapa de la vida encierra para la existencia humana, cuando llega a convertirse en una dimensión permanente y positiva de la identidad personal. Según Rahner, «la infancia no es un estado que se da únicamente en la primera fase de nuestra existencia biológica, sino una actitud básica que corresponde siempre a una existencia bien constituida»[6].

[5] Cf. J. M. MAQUIRRIAIN, *La trayectoria humana a la luz del Análisis Transaccional*; y J. L. MARTORELL, *Guiones para vivir. Psicología de los cursos de vida*, que analizan detenidamente los «mensajes» (permisos y prohibiciones) que recibe uno desde su primera infancia y el *guion* o *papel* que elabora a partir de ellos e interpreta sin darse cuenta a lo largo de toda su vida.

[6] K. RAHNER, «Ideas para una teología de la niñez», en *Escritos de teología*, VII, p. 352.

b. *Menosprecio de la infancia.* Una segunda dificultad radica en la costumbre, extendida en casi todas las culturas, de considerar la infancia solo un mero *tránsito*, una fase de paso de la vida, caracterizada por la inmadurez y la falta de juicio y responsabilidad, destinada a ser superada cuanto antes. Dicho de forma simple, la infancia sería «una enfermedad que se cura con el tiempo». De hecho, en muchas culturas, como la judía, los términos referidos a la infancia están muy relacionados con los referidos a la *servidumbre*, lo que indica la falta de dignidad que se le otorgaba a esa *perspectiva infantil* de la vida, y que no tiene por qué reducirse a una etapa de la misma: «La infancia, tanto para los hebreos como para los griegos y los romanos, se consideraba simplemente una fase que precede el logro de la plena humanidad: la específica conciencia de los niños no se captaba en su valor peculiar»[7].

Y esto no deja de ser así en una cultura empírica y pragmática como la nuestra, donde el valor prioritario es la utilidad. Como señala Cabodevilla, «algo ha ocurrido en el alma de un niño el día en que deja de preguntar qué es esto y empieza a preguntar para qué es esto»:

---

[7] H. U. VON BALTHASAR, «Se non diventerete come questo bambino», en *Incontrare Cristo*, p. 13.

Perdonen ustedes la pregunta: ¿para qué sirve la infancia? Pero, si pido perdón, no es porque esta pregunta resulte entre nosotros absurda, sino solamente porque, dicha así, parece grosera. Lo cierto es que la infancia sirve para alcanzar la edad adulta, lo mismo que una escala o una pasarela: constituye nada más una etapa preliminar en la vida del hombre. El ideal hacia el cual tiende esencialmente la niñez es el hombre maduro, el hombre hecho y derecho. ¿Cómo es posible que alguien suba a la tribuna y pretenda ponernos a un niño como modelo de conducta y se atreva a proclamar una concepción infantil del mundo y de la vida? *Para los amantes del progreso resultaría un programa involucionista. Para los conservadores sería una idea subversiva, destinada a demoler este mundo adulto tan laboriosamente construido*[8].

---

[8] J. M. CABODEVILLA, *o. cit.*, pp. 24-26. Si además se trata de hablar, no de la infancia en general, sino de sus valores religiosos (*infancia espiritual*), la dificultad se agrava: partiendo de la concepción de A. Comte, para quien «cada uno de nosotros sabe que ha sido teólogo en su infancia, filósofo en su juventud y científico en su madurez», habría que concluir: «¿Para qué esmerarse en definir la infancia espiritual? Sobra cualquier discurso dedicado a este tema, ya que toda la religión en conjunto es infantil: mantiene al hombre en la fase más primitiva de su desarrollo, le impide llegar a la edad adulta».

Una perspectiva totalmente diferente es la defendida por Jung, al referirse al *arquetipo del Niño*, enraizado en el psiquismo y en la cultura humana: «El arquetipo del Niño expresa la totalidad del hombre. El Niño es todo lo que es desamparado y precario y al mismo tiempo divinamente poderoso; el comienzo insignificante, inseguro, y el desenlace triunfal. El Niño es en el hombre una experiencia indescriptible, una incongruencia, una rémora y una prerrogativa divina, un imponderable que determina el valor o la falta de valor último de una personalidad».

c. *Negación de la infancia-filiación.* Una tercera dificultad está en la *resistencia cultural* (teóricamente superada, pero presente en la mentalidad común) a reconocer esta condición ineludible de *niño-hijo* como un aspecto positivo de nuestra existencia. Lo que resulta incómodo e insoportable para la mentalidad actual es lo que Von Balthasar ha denominado la experiencia de *deberse*, que está sin duda en el corazón de la filiación:

Desde luego, no falta en nuestros días el anhelo, callado o abiertamente manifestado, de situarnos en el origen y raíz de nuestra propia libertad, en un comienzo absoluto, sin depender de nadie y sin debernos a nadie. La filosofía idealista labró las piedras sillares para construir tamaña imagen del hombre, y el marxismo y el freudismo han tachado a la mera dependencia de vinculación alienante y han medido la afirmación del propio yo proporcionalmente a la independencia respecto a los demás. Pero el buen sentido, libre de contaminaciones ideológicas, reconoce espontáneamente que el deberse a los propios principios originarios no constituye normalmente para el ser humano un trauma o una represión, sino que le resulta gozoso, estimulante y constructivo[9].

En este mismo sentido, y aludiendo al espíritu democrático que caracteriza nuestra época, G. Angelini afirma: «El hecho de ser engendrados, de existir por tanto en función de la elección de otros, aparece casi como una herida y una ofensa frente a un principio antropológico tenido por irrenunciable en la sensibilidad cultural más difundida: la autonomía del sujeto individual. El rechazo latente a la cualidad de *hijo* se encuentra ligado estrechamente con el otro síndrome característico de nuestra época *democrática*: el resentimiento frente al *padre*»[10].

---

[9] H. U. VON BALTHASAR, «El sello mariano de la Iglesia», en *Puntos centrales de la fe*, BAC, Madrid 1985, p. 232.
[10] G. ANGELINI, *El hijo: una bendición, una tarea*, p. 27.

Vivimos en una *sociedad sin padres*, en la que «se ha matado al padre» (Freud) y se ha declarado la «muerte de Dios» (Nietzsche); en un mundo emancipado de toda tutela y autoridad –humana o religiosa–, cuyo símbolo más originario es el padre, que no sería ya un estímulo para el crecimiento, como decía san Pablo, sino su mayor obstáculo:

En nuestro tiempo la figura social del padre ha llegado a ser casi irrelevante. De ese sustantivo derivaron dos adjetivos hoy especialmente odiosos: patriarcal y paternalista. Son sinónimos de anticuado y opresivo. Cabría decir que hemos sacado las últimas consecuencias de aquel lema ya antiguo: libertad, igualdad y fraternidad. Aunque no existiera ninguna formulación explícita, los conceptos correlativos también estaban estrechamente ligados: sumisión, desigualdad y paternidad. Porque la paternidad supone desigualdad y exige sumisión. ¿No era, por tanto, legítimo el deseo de «matar al padre»?[11].

Sin embargo, al recordar el carácter *normativo* (*incondicional*) de la llamada de Jesús –«Si no os

[11] J. M. CABODEVILLA, *o. cit.*, p. 27. En consecuencia –señala–, la afirmación de un Dios Padre dificulta más aún *la idea en Dios:* «Y hace más explícita esa condición infantil del creyente, el cual se refugia en tal Padre para perpetuar su niñez con el convencimiento de que en Él encontrará siempre amparo y asistencia».

hacéis como niños no entraréis en el reino de los cielos»–, habría que subrayar que también los padres y quienes ejercen cualquier tipo de autoridad –especialmente dentro de la Iglesia– están rigurosamente obligados a *hacerse niños* y a demostrarlo –por la ejemplaridad que les incumbe–, lo cual redundaría probablemente en un modo mucho más saludable de entender y ejercer su *autoridad* (como delegación, servicio, promoción…). Es necesario, pues, remontarse más allá de la propia *paternidad* (*autoridad*) y reconocerse a su vez *hijo, niño y discípulo*, lo cual no es tan fácil ni espontáneo, porque:

> La relación de paternidad es la primera de todas, como se ve en el misterio cristiano de la Trinidad: no nos es posible remontarnos más allá del Padre. Es el principio que no tiene principio. Y por esto el padre olvida tan fácilmente que él mismo es un hijo y cree que la humanidad comienza en él[12].

Conscientes de todas estas dificultades, intentaremos adentrarnos en la experiencia humana y cristiana de la *infancia-filiación* y desvelar sus significados y valores permanentes.

---

[12] J. GUITTON, *Cuando el amor no es un romance*, p. 26.

I. Infancia y filiación como «experiencia humana»: entre la dependencia infantil y la autosuficiencia adulta

Vivimos, como ya hemos dicho, en un mundo pragmático y realista, el reino de lo cuantitativo, de lo verificable y comprobable, esto es, en un mundo adulto y *desencantado*. Y es justamente esto lo que favorece el surgimiento de un sentimiento de *nostalgia de la infancia perdida* (expresada en el gusto por el arte naíf, la vuelta a lo natural y espontáneo, la valoración de los sentimientos…), pues, como decía Machado, «solo se canta lo que se ha perdido». De hecho, es el adulto quien añora la infancia, mientras que el niño percibe su infancia desde las limitaciones que implica, y desea «ser mayor»:

Hace falta ser adulto y pertenecer a un mundo adulto para hacer pintura naíf… Hace falta ser mayor o muy mayor para echar de menos los consejos maternales o incluso aquella dependencia familiar tan absoluta, tan agobiante quizá entonces, pero que a la vez suponía una seguridad total, el derecho al amparo, a la ternura y al perdón. Hace falta igualmente ser adulto para plantearse el tema de la infancia espiritual[1].

Lo que define la *nostalgia* es un *deseo de retorno*, un «estar de vuelta» que quiere dejar atrás una experiencia marcada por el desengaño, la desilusión y el escepticismo; y trata de recuperar otra –más originaria– caracterizada por la inocencia, la ilusión y la felicidad. Se trata, sin embargo, de un *retorno imposible*: en primer lugar, porque no podemos volver al punto de partida, y en segundo lugar, porque probablemente nunca existió tal como nos lo representamos: «La infancia espiritual no puede consistir en la recuperación de algo que nunca existió o que únicamente se dio en un mundo mítico, el mundo de la pureza original y de la felicidad perfecta»[2]. Cabodevilla señala la diferencia entre *retorno* (infantilismo) y *conversión* (infancia espiritual): «Adán no pudo entrar de nuevo en el paraíso perdido. Un ángel con espada de fuego prohibía el acceso. En cambio, el hijo pródigo sí que pudo volver y de hecho volvió a la casa paterna. Estar de vuelta… no siempre se trata de una actitud desengañada o escéptica. A veces significa algo muy positivo: literalmente *conversión*».

---

[1] J. M. CABODEVILLA, *o. cit.*, p. 39.
[2] *Ibid.*, p. 48.

Sin embargo, gracias a una vivencia sana y positiva de la filiación –como veremos–, es en la primera infancia cuando el ser humano aprende a ver la vida como una promesa fascinante, capaz de generar esperanza y de justificar el esfuerzo necesario para hacer realidad su cumplimiento; en este sentido, se puede decir que la promesa *moviliza*, no *paraliza*, madura y compromete, no infantiliza ni exime de responsabilidades.

Además, muchas de las experiencias y dimensiones de la infancia contribuyen a estructurar nuestra personalidad y quedan grabadas como rasgos permanentes de nuestro carácter. En este sentido, Erikson establece algunas de estas experiencias y dimensiones fundamentales –resultado de una síntesis equilibrada entre tendencias contrarias– en relación con los distintos estadios evolutivos por los que atraviesa el ser humano en su desarrollo psicosocial[3]:

I. LACTANCIA: *confianza básica* vs. *desconfianza* (necesaria, para discernir): «Esperanza».
II. NIÑEZ: *autonomía* vs. *vergüenza y duda* (ante los demás): «Voluntad» (autodeterminación).

[3] Cf. N. GALLI, *Educazione dei coniugi alla famiglia*, Vita e Pensiero, Milán 1986, pp. 35-39; E. ERIKSON, *I cicli della vita. Continuità e mutamenti*, Armando, Roma 1984, pp. 53ss.

III. EDAD DEL JUEGO: *iniciativa* vs. *culpa*: «Finalidad» (planificar, imaginar, emprender).

IV. EDAD ESCOLAR: *laboriosidad* vs. *inferioridad*: «Competencia» (identificación con la tarea).

V. ADOLESCENCIA: *identidad* vs. *confusión de identidad*: «Fidelidad» (compromiso libre y fiel).

VI. JUVENTUD: *intimidad* vs. *aislamiento*: «Amor» (después de adquirir una identidad clara, surge el deseo de vivir relaciones de amistad y amor –síntesis de ternura y genitalidad–, sin miedos...).

VII. EDAD ADULTA: *generatividad* vs. *estancamiento*: «Cuidado» (creatividad, responsabilidad con la vida, productividad y cuidado por todo lo que se ama: personas, ideas, proyectos...).

VIII. EDAD SENIL: *integridad* vs. *desesperación*: «Sabiduría» (juicio maduro y sensatez, aceptación de nuevas formas de productividad, mayor conciencia y libertad ante la vida y la muerte).

Desde el punto de vista del *Análisis transaccional*, que estructura la personalidad en tres niveles o estratos (Padre, Adulto y Niño), el Niño constituye una dimensión permanente del ser humano que no hay que reprimir u olvidar en la madurez, sino integrar adecuadamente:

El Niño es el motor de la creatividad, el encanto y empuje del ser humano; es también el depositario de los sentimientos más básicos de la persona. Lógicamente es el estrato más arcaico de la persona y donde quedan grabadas las primeras y más intensas experiencias e influencias, que, como se verá más adelante, son decisivas para el guion de la vida; e igualmente, dado que es donde están anclados los aspectos más positivos de la persona, pueden estar en él enquistados los problemas más serios que aquejan a las personas. También pertenecen al Niño la creatividad, la intuición, la curiosidad y el deseo de experimentar situaciones nuevas. Igualmente son del Niño las *adaptaciones* a los requerimientos paternos[4].

Y concluye, en la línea de lo que mencionábamos anteriormente, el valor permanente y enriquecedor de la niñez para la vida humana: «En términos del Análisis Transaccional, son las personas que durante su vida siguen en contacto con su Niño, con sus ilusiones, con su creatividad, fantasías e intuiciones, las que se ven más favorecidas para alcanzar

---

[4] J. L. MARTORELL, *Guiones para vivir*, cit., pp. 21ss.; y *¿Qué nos pasa una y otra vez? Análisis transaccional en la familia*, Marsiega, Madrid 1983, pp. 18-19.

un más alto nivel de productividad y satisfacción personal»[5].

De igual forma, Erikson señala la importancia de volver a recuperar (para apoyarse en ellas) las experiencias fundamentales de la primera infancia en momentos especialmente críticos del desarrollo personal (psicosocial): «Durante la adolescencia es fácil reconocer en los jóvenes más comprometidos algo así como una regresión voluntaria a estadios precedentes del desarrollo, en el intento de recuperar –si no las han perdido totalmente– las bases primeras de aquella Esperanza originaria sin la cual no es posible llevar a cabo nuevos saltos (evolutivos) para retomarse a sí mismo y avanzar hacia delante»[6].

Por eso, vamos a ahondar en la experiencia de *infancia y filiación* tratando de desvelar sus *rasgos constitutivos*, haciendo memoria de nuestra propia infancia y reconociendo la de nuestros catecúmenos, con sus *significados* y *valores* para toda vida adulta.

---

[5] ID., *¿Qué nos pasa una y otra vez?*, cit., p. 19. Cf. también J. PIAGET, *Seis estudios de psicología*, Barral, Barcelona 1974, p. 93.

[6] E. H. ERIKSON, *o. cit.*, pp. 58.63.75. Lo vivido en la infancia se convierte así en una dimensión permanente de la vida adulta que no tiene nada que ver con el *infantilismo*, sino con la reasunción, en un estadio más maduro del desarrollo, de la «esperanza en la promesa de los orígenes».

1. Procedencia: deber el don de la vida

a. *Deberse*. La experiencia del niño está marcada desde el inicio por el hecho de *tener un padre y una madre* que empiezan a influir en él mucho antes de que pueda darse cuenta –desde el momento mismo de su concepción–, y a los que va descubriendo poco a poco como origen de su corta y vulnerable existencia, hasta que finalmente llega a poder decir:

> Lejos de ser una existencia absoluta, yo soy sin haberlo querido o sospechado inicialmente, yo encarno la respuesta a la llamada que dos seres se han lanzado en lo desconocido y que, sin sospecharlo, se han lanzado más allá de sí mismos con una incomprensible fuerza, que se expresa solo dando la vida[7].

Rocco Buttiglione lo expresa así: «No se viene a la existencia por fuerza propia y no se nace sino pasando a través de la libertad de un padre y una madre, la conjunción de sus cuerpos y la unidad de sus personas»[8].

El niño descubre pronto que sus padres a su vez son hijos, y de este modo remiten su existencia

---

[7] G. MARCEL, *Homo Viator*, p. 86.
[8] R. BUTTIGLIONE, *L'uomo e la famiglia*, p. 14.

a un infinito número de ramificaciones que se pierden en el tiempo y le impiden explorar totalmente ese *antes de él*: descubre que lo que *él es* no es tanto efecto de las generaciones que lo han precedido en una relación de mera causalidad, sino que se trata de una relación mucho más oscura e íntima: una relación de *participación e incorporación*:

> Yo participo de ellos, como ellos participan de mí, invisiblemente; ellos me son consustanciales y yo lo soy para ellos [...]. El misterio familiar en el cual soy introducido por el hecho mismo de existir está definido por este conjunto indescifrable de relaciones y presentimientos»[9].

Este arraigo familiar se expresa también en que los padres *den un nombre* al niño, incorporándolo a una serie de relaciones significativas (a través de su apellido), vinculándolo a las generaciones pasadas (a través del nombre de algún antepasado) y a la «cultura familiar» (por un nombre referido a valores reconocidos –morales, religiosos...–), lo que

---

[9] G. MARCEL, *o. cit.*, p. 87. Según H. INOUE, «La vida y la muerte», en H. INOUE - J .F. CASTAÑEDA, *Ser Humano. Antropología filosófica en el encuentro Oriente-Occidente*, Sígueme, Salamanca 1984, p. 234, esta *vinculación* con los familiares que nos han precedido juega un papel mucho mayor en culturas como la japonesa, donde el culto a los antepasados –que es también veneración de la historia– sigue siendo importante.

lo lleva a reconocerse como *heredero* y *sucesor* de una vida y una tradición que lo han precedido y, en cierta medida, lo constituyen. Por ello, es significativo (¿de la resistencia a reconocernos hijos y, correlativamente, del miedo a ejercer como padres?) que hoy se esté perdiendo esta costumbre y se tienda a elegir «nombres que, privados de contenidos programáticos, sean estéticamente agradables (que suenen bien y estén de moda, pero poco presentes en el repertorio tradicional): nombres sin raíces y sin alma, nombres estudiados para evitar situaciones incómodas y comprometer lo menos posible el futuro de los hijos» (V. Padiglione).

b. *Donarse.* La experiencia del *deber(se)* surge de la conciencia del *don(arse)* de otro, con quien de ahora en adelante uno se siente *en deuda*, porque no le debe algo puramente accidental o secundario, sino lo más precioso que posee: su misma vida, que, desde esta perspectiva, aparece como un *don* gratuito, inmerecido e impagable; pero un *don* del que también los padres son *deudores* y no *dueños absolutos*, lo que debe llevarlos, como dice el Evangelio, a «dar gratis lo que han recibido gratis» (*Mt* 10, 8):

Se *debe* lo que de regalo se recibe. En el origen de todo ser humano hay, por lo menos objetivamente, una intención de regalo y de don. Los padres éticamente sanos y responsables engendran y conciben al hijo, no con intenciones primariamente egoístas, para sí, sino para incorporarlo al gran movimiento de la vida, que seguirá difundiéndose y con el que estará de acuerdo el niño llegado a su adultez, «dejarás a tu padre y a tu madre y te unirás a tu mujer», haciéndose donante de los dones recibidos[10].

En el profundo designio de Dios creador está que el engendrado engendre, que asuma algo de su poder creador, y en la gratitud humana está no solo extasiarse, por así decirlo, en un acto de agradecimiento reverente y retrospectivo, sino dar también muestras de que se ha comprendido el gesto del Donante Divino, asimilándoselo y convirtiéndose en dador. Es la ley que domina la generación de los nuevos hombres y toda clase de actividad humana: compartir y ser fecundo, recibir y dar[11].

Y es justamente esta *gratuidad del don* –su desinterés– la que posibilita al hijo vivir gozosa y positivamente la conciencia de esa *dependencia originaria* que, de otro modo, se convertiría en una experiencia *alienante* –por vivir desde las expec-

---

[10] H. U. VON BALTHASAR, *Puntos centrales de la fe*, cit., p. 234.
[11] *Ibid.*

tativas de quienes lo han engendrado–, *insoportable* –por suponer una deuda impagable– e *insupe-
rable* –por hacer imposible el desarrollo de su propia identidad y autonomía–:

> Cuando desde el principio la relación entre los
> hijos y los padres se vive en la perspectiva de
> obligaciones y deudas, más que en la del amor
> y el don, la vida de quien viene al mundo se
> orienta por un camino equivocado, del cual so-
> lo el poder de Dios podrá rescatarla, un camino
> que cierra la vía originaria a través de la cual el
> hombre consigue hacerse consciente de sí y del
> sentido de su existencia[12].

2. INDIGENCIA: LA NECESIDAD ABSOLUTA DE LOS OTROS

a. *Indigencia como inmadurez e invalidez.* El ser
humano ha sido definido, en función de su desarrollo ontogenético, como un *ser carencial* (A. Geh-
len): un ser *potencial* que no nace en modo alguno
hecho, sino que *debe hacerse*; un ser «no especiali-
zado», carente por sí mismo de los medios necesarios para afirmarse a sí mismo –subsistir, defenderse,

---

[12] R. BUTTIGLIONE, *o. cit.*, pp. 14-15.

desarrollarse, perpetuarse...– en su medio natural. Esta aparente dialéctica o ambivalencia entre el *ser* y el *hacerse* del hombre es la que ha llevado a decir del ser del hombre y especialmente del niño: «Es una casa fantasmagórica. Una casa sin paredes, sin techo, sin cimientos. Pero no por ello deja de estar allí. Es una casa presupuesta» (Langevald)[13].

Esta invalidez innata del ser humano ha sido puesta en relación, desde un punto de vista estrictamente biológico, con la *inmadurez (prematuridad)* del recién nacido, que es la causa de su *indefensión y desvalimiento* inicial, pero que hace posible su desarrollo cultural y su enorme *capacidad de adaptación* –no solo acomodándose al medio, sino modificándolo–. En este sentido se podría hablar de un *desvalimiento prometedor*, como dice Rof Carballo: «La primera dramática paradoja del hombre reside en que su inteligencia no es posible sin la menesterosidad primera, la del niño, de lo que se desprende que la mayor grandeza del ser humano está secretamente conectada con su máxima invalidez como ser biológico»[14].

---

[13] Cit. en M. CABADA CASTRO, *La vigencia del amor. Afectividad, hominización y religiosidad*, p. 31.

[14] J. ROF CARBALLO, *Urdimbre afectiva y enfermedad. Introducción a la medicina dialógica*, Labor, Barcelona 1961, p. 87, cit. en M. CABADA, *o. cit.*, p. 34.

Por eso, el lado positivo de la menesterosidad humana habría que situarlo en su incesante tendencia al desarrollo y en la posibilidad, gracias a su prematuridad biológica, de *nacer dos veces*: la primera, de un útero biológico, y la segunda, de una matriz cultural: «A pesar de la relativa pobreza de medios con que cuenta al nacer, es mucho lo que posee. Su cuerpo contiene una orientación congénita hacia un desarrollo ulterior y la potencialidad de un tipo muy especial de adaptación adquirida por el hombre al término de unos mil millones de años de evolución»[15].

El padre –y más aún la madre– son fundamentales para hacer posible este *segundo nacimiento* y que no quede frustrada la potencialidad que encierra la inmadurez biológica del ser humano; así se descubre la íntima relación que existe entre infancia y filiación y cómo solo desde una vivencia positiva de esta es posible un desarrollo pleno de las potencialidades de aquella:

La mujer da dos veces vida: una en el momento de dar a luz el cuerpo del hijo. La segunda, más llena de sino trágico, es en aquel proceso durante el cual la madre *hace nacer* el espíritu del

---

[15] T. LIDZ, *La Persona. Su desarrollo a través del ciclo vital*, Herder, Barcelona 1980, pp. 26; 64.

hombre, involuntariamente, de manera inconsciente, dándole amor y ternura, a la vez que ini-
ciando la separación y el abandono. En este *segundo nacimiento*, la mujer, la madre, es la clave
trágica de la existencia, del destino. Si está arre-
batada por otras cosas, sumida en la depresión,
disociada en su intimidad, si funciona como ausencia o emite *mensajes discordantes*, si es ve-
hículo inconsciente de una sociedad disgregada
o envenenada por la técnica y por la prisa, en
este segundo nacimiento la madre sirve de raíz
disgregante, disociativa, del espíritu humano.
En una palabra, despedaza al hombre; destruye
una unidad, una interna cohesión, sin la cual la
inteligencia no puede ordenar la realidad o hacerse cargo de ella[16].

b. *Indigencia como desamparo*. Según lo que hemos dicho, el niño está totalmente a merced de los
adultos, aunque ya no estemos en sociedades en
las que el *pater familias* tenía un derecho absoluto
–incluso de vida y muerte– sobre sus hijos menores, o en las que se vendía a los niños igual que a

[16] J. ROF CARBALLO, *Rebelión y futuro*, Taurus, Madrid 1970,
p. 335, que también reconoce que la acción nociva «muchas veces
proviene de la estructura social, del clima familiar, del padre o de
otras personas».

los esclavos, los animales o los aperos de labranza. El niño sigue estando *vendido* a los adultos que se hacen cargo de él, depende absolutamente de sus padres o de quienes asuman y suplan sus funciones –aunque lo que el niño necesita es mucho más que unas funciones que puedan suplirse–. Por eso, la infancia es ante todo *indefensión*:

> Infancia significa *desvalimiento, impotencia*. El niño no puede. El niño no sabe. La ignorancia es otra forma de pobreza, otra carencia suya que lo hace más vulnerable. El niño no entiende y, por consiguiente, no es capaz de reaccionar, lo cual aumenta su indefensión ante cualquier sufrimiento. No entiende lo que es el sufrimiento; para él resulta incomprensible, incontrolable. Un adulto puede experimentar la misma cantidad de dolor, pero al menos está dotado para responder a él de algún modo [...] Por el contrario, el niño carece de respuestas, no tiene paciencia ni orgullo, no tiene explicaciones, no tiene fe, no sabe: se halla totalmente desarmado, expuesto al dolor, desnudo ante él, y el dolor lo invade y lo aplasta[17].

Por ello, la indefensión del niño se manifiesta también como *posibilidad de escándalo*, contra la

---

[17] J. M. CABODEVILLA, *o. cit.*, pp. 185-186.

que nos advierte Jesús en el Evangelio –«Al que escandalice a uno de estos pequeños que creen en mí, más les valdría que le ataran al cuello una rueda de molino y lo arrojaran al mar» (*Mt* 18,6)–, por el daño irreparable que puede producir en quien aún no está prevenido contra el mal: «La infancia... se escandaliza con tanta mayor facilidad y duración en cuanto que está más ingenuamente abierta a las impresiones que vienen de los adultos»[18].

Sin embargo, no hay que dejar de anotar que esta *debilidad* tiene su propia fuerza y encuentra una misteriosa correspondencia en el «impulso tutelar» (Rof Carballo) de los adultos, especialmente de los padres. Y es que «el recién nacido posee una *omnipotencia* que ya no volverá a tener. Le basta con levantar una voz para que sean atendidos sus deseos. Es una omnipotencia de desvalimiento, pero se le alimenta, asea, acaricia y cuida, en condiciones muy confortables... Los sentimientos de calma no perturbada, del "nirvana infantil", quedan imprecisamente albergados en su interior y pueden convertirse más adelante en objetivo de regresión..., cuando al crecer entra en un mundo más exigente y perturbador»[19]. Según Erikson, «la

---

[18] R. GIRARD, *El misterio de nuestro mundo. Claves para una interpretación antropológica*, Sígueme, Salamanca 1982, p. 457.

[19] T. LIDZ, *o. cit.*, p. 152.

vulnerabilidad de su condición de recién nacido y la mansedumbre de su inocente estado de necesidad tienen su propio poder. Los bebés están indefensos, pero tienen madres a su disposición, familias que protegen a las madres, sociedades que sostienen la estructura de las familias y tradiciones que confieren continuidad cultural a los sistemas de cuidado y atención»[20].

Y esto es algo que no deja de asombrar, también desde un punto de vista puramente filogenético (evolutivo). «El hombre ha nacido como sietemesino, como ser abortivo, imperfecto, utilizando ese margen de viabilidad que permite, con un poco de suerte y de cuidados, que no perezca lo que ha nacido anormal… Pero ¿por qué razón dentro de lo que se ha denominado –naturalmente, por el hombre– "dura ley de la selva" aparece otra ley, no menos importante, conforme a la cual cuanto más inválido e indefenso es un ser vivo más ternura suscita, más deseo hay de conservar su vida?… Lo más pequeño, lo más inválido, lo más enfermo encuentra, de manera extraña, un complemento, una correspondencia, algo que lo protege y ampara»[21].

[20] Cit. en H. MAIER, *Tres teorías sobre el desarrollo del niño: Erikson, Piaget, Sears*, Amorrortu, Buenos Aires 1979, p. 39.
[21] J. ROF CARBALLO, *Rebelión y futuro,* cit., p. 217.

Es justamente esta experiencia de amparo la que se vive desde una experiencia positiva de la filiación, cuando el llanto que expresa el propio desamparo es escuchado y correspondido por un amor incondicional y absolutamente dispuesto a proteger y hacerse cargo de una existencia que se siente amenazada e indefensa:

> La protección de que disfruta el niño consiste, ante todo, en que los padres (especialmente la madre, pero también, actuando directa o indirectamente sobre la madre, el padre) se interponen entre el niño y el mundo exterior. El mundo es hostil al recién nacido, con su débil fuerza para afirmarse a sí mismo. Los padres reciben el choque de esa enemistad. Protegen al niño de peligros físicos y lesiones anímicas: lo alimentan, lo cuidan, lo visten… Los padres dan al niño la atmósfera de un constante asentimiento en atención y en amor. Así adquiere la conciencia de amparo. Digámoslo mejor: no se le ocurre que pudiera no estar amparado, porque para él sus padres son autoridad, protección y donación en absoluto[22].

Es esta *exigencia de amparo* del hijo la que, de forma especial, sitúa a los padres y adultos que lo

---

[22] R. GUARDINI, *o. cit.*, pp. 53-54.

cuidan o educan, como los catequistas, en *enemis-tad* frente al mundo por lo que tiene de injusticia, violencia y amenaza contra la *promesa* que ellos deben trasmitir y garantizar al hijo. Esto hace que ambos, pero especialmente la madre, pinten al niño la imagen de un mundo mejor que el que realmente existe (a través de cuentos, respuestas fantásticas a sus preguntas, explicaciones piadosas del mal del mundo…). Lo cual no significa que los padres mientan, sino más bien que reafirman su esperanza, sin reducir la verdad de la vida a lo que se puede probar o demostrar, porque:

> No se puede procrear responsablemente a menos de poseer una esperanza para la propia vida y, en consecuencia, también para la vida del hijo. En el acto de generar y, más precisamente, de llevar antes en el vientre una criatura y de introducirla después en el mundo, está inscrita una promesa objetiva, relativa a la verdad de la vida. La verdad de la vida, por otro lado, es la verdad de una promesa. La promesa es el mensaje inscrito en la experiencia de ser custodiados y protegidos… Las intenciones de la mujer, además, se conforman espontáneamente a este mensaje; anteriormente y más allá de lo que ella desee con acto deliberado y consciente, el instinto materno la hace naturalmente atenta a que el hijo

no tenga otra imagen de este mundo que no sea buena y tranquilizadora. El hecho de que el mundo esté, en cambio, regido por principios como la astucia, el engaño, la lógica mercantil e incluso la violencia, hace a la madre naturalmente *enemiga* de *este mundo*... Es justamente la generación la que sitúa a la pareja humana en condiciones de *enemistad* (frente al mundo)[23].

Por el contrario, «la carencia materna o paterna –en cualquier nivel de existencia– deja al sujeto en *desamparo*, pudiendo producir, por reacción, una falsa *autosuficiencia* megalómana»[24].

Podemos decir, en conclusión, que la *indigencia* que caracteriza la existencia del niño es *reclamo* y *exigencia* de un vínculo interpersonal basado en el amor, el único a partir del cual el niño puede subsistir y lograr su cumplimiento: «Ser hijo es reconocerse separado de sus padres, pero a la vez es señalar a sus padres como responsables. El rostro del hijo es el rostro del huérfano que pide auxilio y, a la vez, el rostro del Señor que ordena; para él deben trabajar sus padres. El hijo no es un *tú*, sino que en cierto modo es un *usted*»[25]. Por su parte, Von

[23] G. ANGELINI, *o. cit.*, pp. 136-137.
[24] A. VÁZQUEZ, "Sexualidad, afectividad y celibato consagrado", en *Vocaciones* 106 (1984)-107 (1985), p. 73.
[25] J. PÉREZ ALONSO, *Paternidad y filiación en la obra «Totalidad e infinito» de E. Levinas*, Roma 1991, pp. 55-56.

Balthasar expone lo paradójico de esta *exigencia* que nace de la *indigencia*: «En su indigencia, en efecto, el niño tiene un derecho sagrado a la asistencia, que sin embargo puede ser satisfecho esencialmente solo por el amor. El niño tiene, pues, derecho a algo que sobrepasa el plano jurídico y que solo se puede obtener con una entrega libre, con un don»[26].

La indigencia del niño significa, por tanto, apertura a otro mayor que él en sabiduría, fuerza, recursos, humanidad, etc., y gracias al cual él también puede *hacerse mayor*, lo que constituye la máxima aspiración de la infancia. Supone, por tanto, un reconocimiento espontáneo (natural) de su propia pobreza y una *apertura confiada al don* que viene del otro.

3. Confianza: apertura al mundo y al futuro

Según E. Fromm, la relación maternofilial cristaliza para el niño en una experiencia de *amor incondicional*: el amor de la madre significa paz y dicha, pues no hace falta conseguirlo ni merecerlo. Y lo matiza así: «Pero la cualidad incondicional

---

[26] H. U. von Balthasar, «Se non diventerete come questo bambino», cit., p. 19.

del amor materno tiene también un aspecto negativo. No es necesario merecerlo, mas es también imposible conseguirlo, producirlo, controlarlo. Si existe, es como una bendición; si no existe, es como si toda la belleza hubiera desaparecido de la vida, y nada puedo hacer para crearla»[27]. El bienestar físico (estar limpio, cuidado y bien nutrido) y psíquico (ausencia de temor o incertidumbre) que producen en el niño los cuidados de su madre, desarrolla en él un «sentido de confianza básica» (Erikson) que favorece su maduración psíquica y su capacidad de afrontar experiencias nuevas y enfrentarse a lo desconocido con *esperanza*: «aprende de una vez para siempre a confiar en su madre, en sí mismo y en el mundo»[28]. Por eso:

El ser, el otro, el mundo, serán reconocidos como morada acogedora, llena de positividad, originaria y fundamentalmente benévola, si la madre ha permitido al niño vivir una experiencia de acogida gratuita, de benevolencia incondicional. Al contrario, si la primera experiencia de relación con la madre es negativa, el niño es en cierta medida obstaculizado en la percepción de la

[27] E. FROMM, *El arte de amar*, Paidós, Barcelona 1987, p. 46.
[28] Cit. en H. MAIER, *o. cit.*, p. 44, donde aclara que la confianza que la madre puede generar en el hijo depende también del ambiente familiar (sobre todo, del esposo) y sociocultural.

verdad metafísica fundamental de que «el ser es bueno» y llevará consigo las cicatrices de este rechazo originario durante toda su existencia[29].

Según Von Balthasar,

es el horizonte del Ser infinito en su totalidad el que se abre al niño en ese encuentro, revelándole cuatro cosas: que él, en el amor con su madre, es *uno* aun no siendo su madre y, entonces, que todo el Ser es *uno* (es decir, el trascendental de la unidad se descubre en la experiencia de la alteridad, porque en este caso la alteridad no es absoluta, y sin embargo manifiesta la ilimitada participabilidad del ser en cuanto tal); que este amor es *bueno*, y por tanto que todo el ser es *bueno*; que este amor es *verdad*, por tanto que todo el ser es *verdad*; que este amor suscita *gozo*, por tanto que todo el ser es *bello*»[30].

A través del amor paterno –más exigente y condicional que el materno–, el niño aprende a descubrir la realidad como el lugar donde es posible la realización –siempre parcial y limitada– de los sueños de la infancia (la *esperanza originaria*) y a poner en juego su propio esfuerzo como condición

[29] R. BUTTIGLIONE, *o. cit.*, p. 135.
[30] H. U. VON BALTHASAR, «Uno sguardo d'insieme al mio pensiero», en *Communio* 105 (1989), p. 40.

indispensable para que sea posible. Por el contrario, «el hombre sin padre tiende a pensar que el mundo puede transformarse según sus deseos sin que sea necesario ningún esfuerzo de su parte. Además, tenderá a apropiarse de las cosas buenas de la vida sin hacerse cargo del análogo derecho de los demás hombres»[31].

De esta forma, también el mundo exterior resulta en cierta medida *domesticado*, la realidad se muestra *comprensible* y *habitable* para el niño, superando así la fractura entre el universo afectivo de la familia y el universo defectivo del mundo. «El mundo es también extraño al niño. Su pregunta constante: "¿Esto qué es?" es la pregunta de la extrañeza. La madre traduce lo extraño al mundo de visión y sentimiento del niño, y su respuesta, a veces aparentemente insensata, es la única buena, porque es la única que se entiende... Los padres dan al niño la atmósfera de un constante asentimiento...»[32]. «El universo familiar tiene de hecho el destino objetivo de ser el lugar de *domesticación* del mundo; el lugar, por tanto, que ofrece a los hijos recursos para salir de casa sin perderse... Los padres deberían traducir el significado de la "promesa originaria" (transmitida en

[31] R. BUTTIGLIONE, *o. cit.*, p. 137.
[32] R. GUARDINI, *o. cit.*, p. 54.

un código afectivo) en el código de la cultura ambiente, en términos cada vez más elaborados, para permitir al hijo la integración simbólica de toda la realidad en torno»[33].

Es esta confianza alimentada por el amor la que hace posible que el niño pueda sobreponerse a algo tan constitutivo de la infancia como es el *miedo* –que en los adultos incluye el miedo a exteriorizar el propio miedo– y dormir tranquilo: «Nada tan frecuente como el miedo en los niños, pero también nada tan fácil de disipar. Basta que alguien encienda la luz de la habitación, basta que un rostro amistoso se acerque a su cuna y le sonría, y todos sus temores desaparecen… Inmediatamente se dormirá… En una situación de peligro los niños no temen si no ven temer a sus mayores. Suponen que todo está controlado, que todo se halla en buenas manos»[34].

La confianza característica de la infancia y la filiación se extiende no solo al mundo –en el espacio–, sino *al futuro* –en el tiempo–, ya que el niño está completamente proyectado a él: en él no hay pasado ni hábitos ni prejuicios ni rigideces, sino una novedad absoluta, cargada de promesas y de riesgos; nada, pues, de *regresivo*; en la *infancia* normal

[33] G. Angelini, *o. cit.*, pp. 195s.
[34] J. M. Cabodevilla, *o. cit.*, p. 195.

todo es *progresivo:* «Es una experiencia de dilata-
ción, de confianza ilimitada» (Cabodevilla):

> La infantilidad –precisamente en su sentido hu-
> mano– es apertura, es dejar confiadamente que
> dispongan de uno, es el valor de dejar que se
> abran ante uno nuevos horizontes, siempre nue-
> vos y siempre más grandes, es estar dispuesto
> al viaje hacia lo desconocido (y todo ello con
> aquella confianza radical, profunda, última y
> aparentemente no fundamentada, a la que los
> escépticos y los fracasados en la vida califican
> de *ingenua*). (K. Rahner)

4. Pasividad: el valor de la receptividad y la obediencia

a. *Pedir y recibir.* Como hemos visto, el niño lo
recibe todo de sus padres, empezando por la vida.
Para él es natural y espontáneo recibirlo todo de
ellos, sin atribuirse ningún mérito, sin ambicionar
ninguna autonomía que pudiera alejarlo o privarlo
de su amor. Consciente de su propia pobreza, no
se cierra a ningún don y está siempre dispuesto a
recibir lo que se le ofrece, con la convicción de que
es bueno para él; no siente ningún pudor a revelar
su debilidad –su miedo, su ignorancia, su necesidad

de amor y de caricias…– y a pedir abierta e insistentemente lo que necesita –o cree necesitar–, lo que hace que a menudo lo consiga. Pedir y recibir, incluso, para poder dar algo a alguien:

«Papá, dame dinero para que te regale una corbata el día de tu cumpleaños». Un hijo mayor, con bienes propios, puede hacer un verdadero regalo a su padre. Un hijo pequeño, no. Este puede hacer otras cosas; por ejemplo, pedirle dinero para tal fin y pedírselo con todo derecho, sin rubor alguno[35].

b. *Escuchar y obedecer.* Además, desde el principio va descubriendo una misteriosa y saludable correspondencia entre su necesidad y la atención que sus padres le prestan, entre su ignorancia y las enseñanzas que sus padres le brindan, entre su inconsciencia de los peligros y las normas y límites (prohibiciones) que sus padres le imponen… El niño aprende a dejarse guiar por sus padres, confiando en que, de su mano, nada malo podrá pasarle:

«Porque para el niño es natural recibir cosas buenas, la docilidad, la obediencia, la confianza y la disponibilidad personal no serán dones ofrecidos conscientemente, sino más bien actitudes

---

[35] J. M. CABODEVILLA, *o. cit.*, p. 209.

naturales no surgidas de la reflexión. Y esto sucede cuanto más hace propio y reconoce como justo el comportamiento de la madre, orientada a dar, de manera que, si él tiene algo que ofrecer, lo ofrece sin tardanza»[36].

En este sentido la *autoridad paterna* se manifiesta no solo como «constricción», sino como «protección»:

Constricción, porque todo lo que representa límites aparece necesariamente como coerción, resistencia a la libertad total, absoluta, de la cual se nutre nuestra fantasía, donde «todo es posible». *Protección*, porque en la autoridad va implícita la fuerza que nos protege de nuestra propia debilidad[37].

De esta forma, la obediencia no se manifiesta como una *sumisión alienante* a la voluntad arbitraria del otro, sino que se vivencia como la respuesta natural al amor y cuidado de los padres –origen (*matriz*) y cimiento (*patria*) de la propia vida– y a la verdad –significados y valores– de la que ellos son transmisores y testigos con su propia

[36] H. U. von Balthasar, «Se non diventerete come questo bambino», cit., p. 20.

[37] G. Milano, «Padre», en AA. Vv., *Nuevos Conceptos de Teología*, Cristiandad, Madrid 1982, p. 1244.

vida para el hijo –no creadores ni dueños–. De hecho, obeceder proviene de *ob-audire*, que significa «escuchar al que está delante»: «El hijo no llega a ser él mismo excluyendo al otro que no es él, sino obedeciendo a aquel que lo ayuda a crecer, gracias al cual está en condiciones de llegar a ser él mismo»[38]. «La indicación semántica muestra que la obediencia no es una sumisión pasiva a la voluntad de otros, sino un acto interior mediante el cual uno capta los mensajes del otro: en concreto, un menor (el hijo) se muestra atento a la palabra de un adulto (el padre)»[39].

La obediencia es, por tanto, el reconocimiento de una verdad (ideal, meta) que precede y trasciende siempre a la persona –tanto al hijo como a los padres–, pero con la que todos están llamados a conformar su vida, para su plena realización humana. Y esto excluye totalmente tanto el servilismo como el autoritarismo.

c. *Dejarse guiar*. Nada de lo que hemos dicho supone anular la libertad y la actividad del niño, que se afirma y consolida progresivamente, sino reconocer que la acción libre del niño está siempre

---

[38] F. ULRICH, «Dio nostro padre», en *Communio* 19 (1975), 34.
[39] N. GALLI, *Educazione dei coniugi alla famiglia*, Vita e Pensiero, Milán 1986, pp. 135s.

precedida y sostenida, alentada y orientada por la acción paterna (y materna). A menudo, la actividad del niño solo podrá entenderse como respuesta a una «provocación» paterna y materna (un permiso, una prohibición, una orden o un estímulo), o sea, como *consentimiento* u *oposición* a ella. La acción (libre) de los padres no se dirige a suplir o anular la acción (libre) del hijo, sino a provocarla y hacerla posible –y cada vez más madura–, al igual que el don (libre) de la vida no anula, sino que posibilita y reclama la asunción (libre) de esa vida por parte del hijo:

> Ser hijos de tal hombre y tal mujer, ante todo, no es una elección, así como no lo es estrictamente el hecho mismo de existir. Y, sin embargo, existir debe convertirse en una elección. Por la misma razón debe llegar a serlo también el hecho de ser hijos: no puede seguir siendo meramente una condición asignada y registrada solo pasivamente. Para que el hombre pueda escoger la condición auténtica de hijo y desee lo que es efectivamente de hecho, parece indispensable que esa condición se le presente realmente como prometedora, plena de sentido, luego de abrirle una vía transitable e invitarlo realmente a recorrerla»[40].

---

[40] G. ANGELINI, *o. cit.*, p. 29.

El niño tiende a aceptar como positiva y bené-fica esa *asimetría estructural* de la relación pater-nofilial, es decir, la *diferencia* (no identidad) y la *superioridad* (desigualdad) del padre y de la madre, lo que los convierte, debido al amor y la admira-ción que siente por ellos, en modelos de identifi-cación ideales. De esta manera, trasforma su sen-timiento de inferioridad en afán de superación para poder llegar algún día a ser como ellos, y así construye su propia identidad sobre la base de la *identificación* y a la *diferencia*: el padre y la madre «despiertan en él el entusiasmo y el culto a su per-sona»[41].

5. SIMPLICIDAD: ELOGIO DE LA TRASPARENCIA Y LA INOCENCIA

a. *Transparencia*. La simplicidad del niño se ma-nifiesta en primer lugar como *espontaneidad*, esto es, como expresión inmediata de lo que piensa, sien-te o necesita y de lo que le gusta o le disgusta. El niño no se preocupa de la reacción que puedan cau-sar sus palabras o sus acciones (no la prevé), y por ello actúa desde sí mismo, sin disociación entre su mundo interno y su expresión o actuación externa;

[41] J. GUITTON, *Cuando el amor no es romance*, cit., p. 29.

no conoce la doblez o el disimulo, ni tampoco la reconoce en los demás; de ahí su ingenuidad y su inocencia, que solo mantienen los que a menudo tildamos de «pardillos»:

El niño no sabe fingir, es incapaz de ocultar o enmascarar la verdad, no se preocupa por las apariencias, no es sensible al ridículo, no usa subterfugios, ignora los eufemismos, carece de segunda intención, se presenta tal y como es. Su virtud básica, de índole más bien física que moral, sería la autenticidad. Por eso resultan los niños tan peligrosos[42].

Pero esta se va perdiendo con los años:

¿Es una virtud o un peligro público la espontaneidad de los niños? A medida que crezcan, esta irá empañándose, disminuirá o desaparecerá del todo en beneficio de otras cualidades más estimadas socialmente. En gran parte, la educación por antonomasia, eso que solemos llamar buena educación, consiste en saber ocultar los sentimientos. Poco a poco, la naturalidad del niño se verá inexorablemente suplantada por la artificiosidad del adulto[43].

[42] J. M. Cabodevilla, *o. cit.*, pp. 223-224.
[43] *Ibid.*

Hay que hacer notar, sin embargo, que la superación adulta de la espontaneidad infantil no significa caer en la hipocresía, entendida como falsedad, doblez e intenciones torcidas, sino reconocer la complejidad de la vida, que no es tan simple como le parece al niño y que a veces exige una respuesta distinta y reflexiva en cada situación (no alocada o impulsiva). Lo difícil, como siempre, es encontrar el equilibrio, evitar que la vida se complique demasiado –porque es propio de los adultos «rizar el rizo»– y saber mantenerla centrada en lo esencial, en lo verdaderamente importante, que puede ser lo más sencillo y lo más pequeño (lo que a los adultos les pasa desapercibido).

b. *Inocencia*. Desde otro punto de vista, la simplicidad infantil significa también inocencia o, con el lenguaje de las bienaventuranzas, *pureza de corazón*. Los niños no saben del bien y del mal, se encuentran en una situación «premoral», pero que no es indiferente al logro posterior de una sana actitud moral. La más temprana relación del niño con su madre, marcada por la experiencia de un amor incondicional –de una unidad que no anula la alteridad, sino que la reconoce en su unicidad y la redime de su soledad–, despierta en el niño la experiencia de una justicia original –una *memoria originaria del bien y del amor*– que quedará grabada en su mente y en su corazón –como verdad y aspiración irrenunciables– para el resto de su vida:

> El estadio de la primera infancia no es, pues, en ningún caso indiferente o insignificante. No solo esto, sino que el modo de vida del niño oculto a los ojos de los adultos representa una esfera original, en la cual todo se desarrolla en la justicia, en la verdad, en la bondad. Es como un oculto «ser acogidos y protegidos» que no debe menospreciarse como premoral o inconsciente... La justicia *connatural* (supraética) y la bondad de esta esfera original deberán ser afirmadas de ahora en adelante a través del ejercicio pleno de la libertad. Sin embargo, a quien se aleja conscientemente de ella, su bondad y su verdad le parecerán solo una de las posibilidades de realizar lo bueno y lo verdadero, que asumirán un rostro genérico, abstracto, legalista»[44].

Se trata, por tanto, de una inocencia o justicia original que no es un mérito moral del niño, sino una experiencia que el amor incondicional de sus padres le permite vivir y que marcará toda su vida. Una experiencia por la que pasa todo ser humano en mayor o menor medida –según la calidad del

[44] H. U. von BALTHASAR, «Se non diventerete come questo bambino», cit., pp. 13-14.

amor recibido– y que aparece simbólicamente descrita en el paraíso original. Una experiencia que, como en el relato del Génesis (2-3), puede ser dañada, olvidada o reprimida en la vida ordinaria, sobre todo a través del *escándalo*:

Hay en el niño algo que los adultos ya no poseemos, algo que es precioso y sagrado y puede ser inicuamente destruido... Existe el escándalo. Peter Pan luchaba con el capitán Garfio junto a la laguna de las sirenas. Cuando ya casi lo había vencido, se dio cuenta de que el capitán se hallaba en grave peligro, a punto de caer en una sima. Y lo ayudó a subir, para poder continuar luego la lucha en igualdad de condiciones. Fue entonces cuando el malvado Garfio, abusando del favor concedido, aprovechando esa breve impunidad, clavó inesperadamente su arma en el pecho de Peter Pan. Y el pequeño héroe quedó inmovilizado, no tanto por el dolor como por la sorpresa: estupefacto ante algo que no podía concebir, la traición, la deslealtad. Digamos la palabra exacta: Peter Pan quedó escandalizado. Y ningún niño será ya el mismo tras haber sufrido un escándalo[45].

[45] J. M. CABODEVILLA, *o. cit.*, p. 47.

6. ASOMBRO: ADMIRAR EL PRESENTE Y SOÑAR EL PORVENIR

a. *Vivir el presente*. El niño vive completamente entregado al momento presente, no ocupado ni distraído por recuerdos del pasado o proyectos de futuro, sino que aprovecha al máximo lo que tiene entre manos. En apariencia, le resulta posible vivir en armonía con su propio mundo, *aquí y ahora*, sin sentirse angustiado por esta concentración en el presente, sino todo lo contrario, al descubrir que solo quien vive en el presente goza verdaderamente de lo que la vida puede ofrecerle:

> Por supuesto, ya sabemos que el mito de la infancia feliz es falso, que es una invención nostálgica de los adultos; sin embargo, no hay duda de que los momentos dichosos están más al alcance del niño. Se trata seguramente de una felicidad que, además de momentánea, resulta para él en cierto modo inconsciente; pero, si alguien preguntara cómo se puede ser feliz sin tener conciencia de ello, habría que responderle con otra pregunta: cómo es posible gozar de felicidad siendo uno consciente de ella, es decir, consciente de su fugacidad irremediable[46].

[46] *Ibid.*, pp. 233-234.

b. *Admirar.* El niño no ha perdido la *capacidad de asombro* porque descubre las cosas por primera vez y está constitutivamente abierto a nuevas experiencias. Mantiene despierta la mirada, pero no en una actitud dominadora, posesiva, escrutadora, pues se sabe incapaz de comprender y dominar un mundo que le resulta extraño y casi «por estrenar»; se trata más bien de una *actitud contemplativa*, curiosa pero también respetuosa, capaz de captar el misterio y el encanto de todo lo que lo rodea, de intuir su secreto:

> Es característica del niño desde un determinado momento de su evolución su actitud exploratoria, de incansable curiosidad por las cosas y los fenómenos que lo rodean. Ahora bien, esta actitud infantil de curiosidad no queda, en el proceso del desarrollo humano, restringida o limitada a esta primera etapa, sino que invade toda la vida del hombre... Esto significa, por tanto, que una de las manifestaciones más claras del permanente carácter infantil del hombre adulto es su constante y variada curiosidad, que adquiere en él formas y niveles muy diversos[47].

---

[47] M. Cabada, *o. cit.*, p. 127.

Según J. M. Cabodevilla, hay dos formas de *mirar* la vida:

Una es activa, escrutadora, que continúa funcionando bajo la tiranía del pensamiento y sometida a sus intereses y prejuicios. La otra es receptiva, contemplativa, abierta y libre, incondicional. Quien mira de esta forma es apto para dejarse sorprender por la realidad: para percibir en ella lo inesperado. Se trata de una mirada típicamente infantil. Por el contrario, todo prejuicio supone una "obcecación", una pérdida de visión. Es necesario, pues, aprender de nuevo a mirar, es menester recuperar aquella capacidad de asombro que un día poseyeron nuestros ojos[48].

También es importante la intervención de los padres, ya que el niño va descubriendo la realidad a través de las preguntas que les lanza incansablemente y las respuestas que obtiene de ellos: «De hecho, si las primeras preguntas se refieren al nacimiento –y es seguramente un signo de su toma de conciencia de sí mismo: ¿de dónde vengo? ¿a dónde voy?–, en realidad, el interrogante profundo que le inquieta, y que se hace cada vez más claro, aun cuando se mantenga no expresado, es el relativo a su ser y al de los otros; se convertirá en

[48] J. M. Cabodevilla, *o. cit.*, p. 240.

la adolescencia en una pregunta inquietante sobre el porqué de la vida»[49].

Parece que el adulto ha perdido la capacidad de percibir el *secreto* de las cosas y que solo lo recuperará (parcialmente) en su intento de responder a las preguntas del niño, entrando en su lógica y usando su peculiar manera de expresarse (exagerada, imaginativa, entusiasta, inocente). Según *El Principito*, «solo se ve bien con el corazón, lo esencial es invisible a los ojos». O, como dice Pascal: «El corazón tiene razones que la razón no entiende».

El adulto tiende a darse una explicación coherente del mundo (del tipo: «El amor paterno no es más que un narcisismo sublimado») que, si por un lado le resulta tranquilizadora y útil, por otro es enormemente empobrecedora y reductiva, porque se niega a aceptar todo lo que caiga fuera de sus posibilidades de comprobación. Para constatar finalmente que «junto con lo terrible ha desaparecido lo fascinante» (Cabodevilla) o, como escribió Gabriel Celaya: «Logré el uso de razón y perdí el uso del misterio». Por eso, es necesario señalar que:

Al usar de su fantasía, el hombre no está huyendo de la realidad, sino penetrando en ese inmenso campo de realidad que la razón es incapaz

[49] G. A. CAMPANINI, "Un momento centrale della crescita", en *Famiglia Oggi* 38 (1989), 55.

de abordar... Una obra de imaginación, un libro de fantasía, cuando describen la realidad la inventan, pero al inventarla la están revelando.

Jung explicó largamente cómo el Niño, el arquetipo infantil que sigue presente en los estratos profundos de la psique, no es un mero vestigio de nuestra primera edad o de las edades arcaicas de la historia. Es un órgano de percepción destinado a funcionar siempre, a cualquier edad, y cuya finalidad consiste en compensar o corregir la actividad de la mente consciente. De por sí, esta tiende a concentrarse en unos pocos contenidos, elevándolos al plano más alto de claridad, para lo cual se ve obligada a excluir otros contenidos potenciales. El peligro resulta previsible: deducimos que solo es digno de tenerse en cuenta aquello que pertenece a la conciencia objetiva... Esta lamentable operación reductora solo puede ser corregida mediante una actividad compensatoria por parte del Niño, el cual, para ello, deberá permanecer siempre vivo y despierto en el adulto[50].

c. *Soñar y jugar.* El juego es, de forma especial, la actividad en la que el niño une más la vivencia intensa del presente y la fantasía desbordante que

[50] J. M. CABODEVILLA, *o. cit.*, pp. 242-243.

caracteriza su forma propia de acercarse a la realidad. A cierta edad, la relación del niño con la realidad es sobre todo *imaginativa*: en el juego imagina situaciones, planifica proyectos y metas (*finalidades*) e intenta resolver conflictos (entre ellos, el *conflicto edípico*)[51]. Los psicólogos subrayan que el *juego* ocupa un lugar importante en el desarrollo de los niños:

> Gracias a él, aprenderán el respeto a la norma, asumirán diferentes papeles sociales y podrá ser fuente de conflictos y peleas con bastante probabilidad. Este hecho ha sido enjuiciado por Piaget como un elemento de poderosa influencia en el desarrollo moral de los niños, debido a que entre ellos comparten un estatus más igualitario que facilita la posibilidad de ponerse uno en el lugar del otro cuando surgen los conflictos y, al mismo tiempo, de este modo empezarán a cobrar todo su sentido las normas sociales[52].

[51] Según E. H. ERIKSON, *I cicli della vita. Continuità e mutamento*, Armando, Roma 1984, pp. 47-48: «juguetes y juegos logran resolver en una relación de naturaleza imaginativa tanto los excesivos sueños de conquista como el sentido de culpa consiguiente».

[52] E. SÁNCHEZ GARCÍA, «Implicaciones educativas de la relación entre hermanos», en V. GARCÍA HOZ, *La educación personalizada en la familia*, pp. 127-128. Y E. H. ERIKSON, *o. cit.*, pp. 49-51 subraya «el gran invento humano de los juegos competitivos en los que las tendencias agresivas llegan a fundirse con las reglas de lealtad».

El Análisis Transaccional utiliza el concepto de *juegos psicológicos* en un sentido negativo, refiriéndose a pautas de relación estereotipadas, en gran medida inconscientes e involuntarias, que se repiten mecánicamente (bloqueando el acceso a una mayor intimidad) y proporcionan solo caricias negativas (haciendo que los participantes se sientan mal y reviven conductas o sentimientos de la infancia). Sin embargo, el Análisis Transaccional no excluye la posibilidad de una tendencia al juego sana, nacida del Niño Natural, que sabe expresar sus sentimientos, disfrutar y ser creativo sin tener que apoyarse en las debilidades de los demás o en las suyas propias, ni reactivar sentimientos negativos del pasado[53].

Según los etólogos, que estudian el comportamiento comparado de animales y hombres, en el ser humano se da un desarrollo lento y sosegado (mucho más largo que el de los mamíferos, en particular los chimpancés) y muchos rasgos infantiles se mantienen en la edad adulta, como el juego: «Inmadurez y dependencia prolongadas, disposición prolongada al juego, curiosidad, amor a la diversión, imaginación, inventiva y tendencia a la experimentación»[54].

---

[53] Cf. J. L. MARTORELL, *Guiones para vivir*, cit., pp. 33-35.
[54] A. MONTAGU, *La naturaleza de la agresividad humana*, Madrid 1978, p. 31, cit. en M. CABADA, *o. cit.*, p. 124.

Desde este punto de vista, la infantilidad del ser humano encierra un significado evolutivo, pues hace posible una *apertura ilimitada* a la realidad (sin la *especialización* que caracteriza a las demás especies) y una *búsqueda imaginativa* de nuevas respuestas (o soluciones):

> Hoy sabemos perfectamente que todas las conquistas culturales, desde el álgebra hasta la gramática, tuvieron un origen lúdico. Pero solo nos importa aquí hacer constar que el *homo ludens* es anterior al *homo faber*, lo mismo que el niño es anterior al adulto, lo mismo que el *ocio* es anterior al *neg-ocio*, vocablo que se formó después por negación. En el principio era el juego.
>
> La vida entendida como *juego* no pierde un ápice de seriedad, pero permite al hombre liberarse de esa férrea e inútil cadena de utilidades, del monopolio de la razón pragmática, de la pedantería, del fanatismo de las ideas absolutas y de la ambición de un poder que se ha manifestado demasiado frágil, demasiado vulnerable al ridículo[55].

[55] J. M. CABODEVILLA, *o. cit.*, p. 253.

7. Crecimiento: superar el «infantilismo» sin dejar de ser niño

a. *Querer o no querer crecer.* El peligro de la infancia consiste en quedarse anclado a ella por miedo a cargar con la responsabilidad de la propia vida y a perder la seguridad que supone que otro (el mayor) decida lo que más conviene y prevea todas las necesidades. Ya dijimos que el niño vive la relación con la madre como amor incondicional y satisfacción permanente de sus deseos. Su tentación es instalarse en una actitud puramente pasiva (*simbiótica o parasitaria*). El amor exigente del padre favorece un sano distanciamiento del niño respecto a la madre para que pueda desarrollar su propia identidad (diferenciada) y comprobar su capacidad (basada en el esfuerzo):

> Es menester que el niño, según pasan los días, se vaya alejando de aquel paraíso maternal que proporcionaba una total seguridad, propia de la vida pasiva y de la compenetración perfecta. El padre deberá controlar la demanda excesiva de afecto por parte del hijo. Ha de saber inculcar la renuncia a una satisfacción inmediata, el aprendizaje del esfuerzo y de la satisfacción aplazada, el itinerario del exilio hacia una nueva tierra prometida; en suma, la orientación hacia el futuro. Al pasado pertenece ya, irremedia-

blemente, aquel paraíso original (cuyo mantenimiento sería ahora artificioso) y aquella satisfacción automática (cuya prolongación sería ahora ilusoria). En efecto, junto con el sentido de la medida, el padre introduce el sentido de la realidad, también en lo que se refiere al mundo afectivo, conjurando toda fascinación engañosa. La madre perdurará siempre, no ya en la nostalgia de los orígenes, sino en la certeza creciente de que el paraíso venidero guarda estrecha relación con aquel paraíso inicial[56].

En este sentido, son los mismos padres quienes deben estimular la creciente autonomía del hijo y aceptar un alejamiento temporal que le permita verificar por sí mismo todo lo que ha recibido de ellos, para encontrar su propia identidad. Así lo expresa un relato rabínico:

Rabbi Sussja enseñaba: Dios dijo a Abraham: «Sal de tu país, del lugar de tu nacimiento, de la casa de tu padre y dirígete al lugar que te mostraré». Dios dice al hombre: «Antes que nada, sal de tu país, de la turbulencia que tú mismo te has buscado. Después, del lugar de tu nacimiento, de la turbulencia debida a tu madre. Por fin, de la casa de tu padre, de la turbulencia

---

[56] J. M. Cabodevilla, *o. cit.*, pp. 112-113.

que tu padre te ha preparado. Solo entonces serás capaz de dirigirte al país que te mostraré»[57].

Por su parte, Guardini afirma: «Todo hijo es para su padre durante algún tiempo un *hijo pródigo*: abandona la casa paterna y es en la soledad donde comprende al fin la grandeza de la filiación, esta relación tan alta»[58]. En consecuencia, el *infantilismo* no se identifica con la infancia (como etapa de la vida) ni con la posible y deseable infantilidad (como actitud permanente) del ser humano; el infantilismo supone, como su mismo nombre indica, exageración, absolutización o fijación en la infancia, lo que impide la adquisición de las actitudes propias del adulto: libertad de juicio y decisión, responsabilidad de la propia acción, elaboración de un proyecto de vida personal, aceptación crítica de las propias convicciones, valores y normas de conducta...

b. *Seguir siendo niño*. En el lado opuesto del infantilismo está la *autosuficiencia*, que, al igual que el primero, deforma –no por defecto, sino por exceso– la verdadera madurez y autonomía humanas. De hecho, no es posible lograr la madurez y la au-

---

[57] M. Buber, *I Racconti dei Chassidim*, Milán 1979, p. 289, cit. en F. D'Agostino, *Elementos para una filosofía de la familia*, Rialp, Madrid 1991, p. 83.
[58] R. Guardini, *o. cit*.

tonomía sin la experiencia previa de ser amado y acogido. Y esta experiencia sigue siendo importante para el adulto, al que también le espanta la soledad y el abandono:

De ahí que se pueda y deba considerar como característica esencial del concepto de persona, en cualquier estadio de su desarrollo en el que se la quiera considerar, su *relacionalidad*, es decir, su constitutiva necesidad de conexión intersubjetiva, su imposibilidad de surgir desde sí misma y de mantenerse en su realidad sin sentirse apoyada por el otro[59].

Una necesidad que vuelve a aflorar con sus rasgos infantiles en momentos críticos: «La conducta de apego manifestada durante la vida adulta prolonga de modo directo la de la infancia... Ante una enfermedad o catástrofe, los adultos con frecuencia aumentan sus exigencias de otras personas... En estas circunstancias todos reconocen como algo natural la intensificación de la conducta afectiva... Tildar de *regresiva* a la conducta afectiva de los adultos equivale a soslayar el papel vital que desempeña aquella en la vida del hombre "de la cuna hasta la sepultura"»[60].

[59] M. CABADA, *o. cit.*, pp. 127-128.
[60] J. BOWLBY, *El vínculo afectivo*, Paidós, Buenos Aires 1976, p. 234.

Por otro lado, no es posible encontrar nuestra propia identidad sin prestar atención (y crítica, si es necesario) a las raíces familiares de las que se alimenta y que tanto han contribuido a su formación; es necesario *hacer memoria agradecida* de todo lo recibido, más allá incluso de la conciencia y de la voluntad explícita de nuestros padres (ya que el don no se agota en lo que es posible concienciar o expresar); lo contrario supone desconocernos a nosotros mismos, condenarnos a vivir desarraigados y perder el sentido de nuestra vida:

> La agresividad hacia los padres constituye, en el fondo, una rebelión contra las raíces mismas de la existencia personal de carácter autodestructor, cuyo prototipo expresivo es la blasfemia[61].

En conclusión, podríamos decir que el «niño» que hay en nosotros nos enseña a mantener despiertas ciertas actitudes imprescindibles para descubrir incesantemente la vida como una *aventura prometedora y fascinante*, para hacer de la vida una bienaventuranza:

> El niño nos enseña que el mundo nace de nuevo cada mañana, que todo en la vida es juego o debe serlo, y que la realidad es mucho más grande

[61] A. VÁZQUEZ, *art. cit.*, p. 73.

que eso que nosotros abarcamos o comprendemos. Nos enseña a admirar, a vivir con plenitud el momento actual, a sentirnos solidarios con todo lo existente. Nos enseña a simplificar nuestra vida, a dar prioridad al amor, a estar disponibles a lo inesperado, a confiar. ¿Cosas insignificantes? «Bendito seas, Padre, Señor de cielo y tierra, porque has ocultado estas cosas a los sabios y entendidos y las has revelado a los pequeños» (*Mt* 11, 25)[62].

Solo acogiendo y trascendiendo nuestra propia *infancia* –o sea, captando sus significados y valores ocultos–, podremos dar cumplimiento a lo que la niñez y la filiación contienen de promesa y esperanza, fundando y envolviendo así la vida en el *misterio*:

Donde se mantiene con respeto y amor esa vinculación de la vida al misterio –conservando siempre la infantilidad de los comienzos–, la vida es abierta, espera lo inesperable, tiene confianza en lo imprevisible, capacita al hombre para que siga jugando, para que deje que las fuerzas que dominan la existencia sean más fuertes que sus planes, para que deje que dispongan de él como buenas en el fondo... Semejante

[62] J. M. CABODEVILLA, *o. cit.*, p. 262.

actitud esconde y protege la existencia en el misterio, la deposita en lo indecible como en algo que protege y oculta, la deja en la cercanía de amor, indeciblemente cercana[63].

---

[63] K. RAHNER, «Ideas para una teología de la niñez», cit., p. 348.

II. Infancia y filiación como «experiencia religiosa»: entre la sumisión y la confianza en un Dios «Padre»

Como ya hemos insinuado varias veces, *la infancia es una edad naturalmente religiosa*, en la que se percibe el encanto del mundo y su misterio, lo terrible y lo fascinante de una realidad que al niño le resulta inmensa, inabarcable y, en ocasiones, amenazadora; un mundo que, al mismo tiempo que le provoca miedo, haciéndole tomar conciencia de su pequeñez, hace posible que *se abandone con confianza* en Alguien más grande, Creador y Señor de todo lo que existe. Una posibilidad que persiste aún en el adulto:

> El hombre llegado a la plena madurez se ufana de sus conquistas, de sus victorias sobre el mundo, de su saber y su poder, pero en lo más íntimo de su alma se siente indefenso. ¿Asirá el cable que Dios le tiende? El sentimiento de miedo está destinado a convertirse en un sentimiento de confianza; más concretamente, de confianza filial[1].

[1] J. M. CABODEVILLA, *o. cit.*, p. 283.

Sin embargo, este paso del miedo a la confianza no es automático, sino que requiere la experiencia previa de un ambiente cálido y acogedor que lo haga posible y evite que el miedo se traslade tal cual a la experiencia religiosa y esta se convierta en pura *sumisión a un Poder anónimo* que –a través de la práctica religiosa– se intenta volver favorable. En este sentido, F. Varone afirma que «entre el deseo espontáneo del hombre y la revelación cristiana hay ruptura». Describe esta «religiosidad espontánea» con los siguientes rasgos:

1. El hombre tiene conciencia de un poder divino sobre su existencia y organiza una relación (religión) con él; 2. pero la organiza espontáneamente, según el modelo de las relaciones humanas entre el débil y el poderoso; 3. el débil, por tanto, ha de hacerse valer ante el poderoso, actuando sobre (contra) él, para hacerle reaccionar favorablemente. La religión se convierte así en una iniciativa, en una acción del hombre sobre Dios, con miras a provocar en él una *reacción*, a ser posible favorable y útil para el hombre; 4. y puesto que el hombre es débil y el Poderoso exigente, he ahí que se acumula el pecado, esa acción del hombre que provoca la reacción amenazante de Dios. Con el pecado aumentan también el temor y las angustiosas

tentativas nunca acabadas de pagar por el pasado, de acrecentar el valor de los sacrificios, para poder algún día satisfacer las exigencias del Poderoso. El hombre lo vería entonces sonreír de satisfacción[2].

En cambio, la experiencia auténtica de la fe supone reconocer y acoger el don de la vida y del amor que proceden de Dios y prolongarlo a los demás, descubriendo que la iniciativa en el amor es de Dios y el hombre solo tiene que acogerlo y dejarse trasformar por él:

La *ruptura* establecida así por el profeta entre el dios que proyecta la religión humana y el que se revela al creyente es completa. El siguiente esquema-resumen lo hará de forma concreta, a la vez que fijará en su orden lógico los tres tiempos de la experiencia de fe: 1. la revelación de Dios, que hace vivir al hombre que la acoge; 2. la acción del hombre, que prolonga hacia los demás [y hacia el mundo] la vida que él recibe de Dios; 3. el reconocimiento, por el que toda esta vida vuelve a Dios para darle gracias[3].

[2] F. VARONE, *El Dios ausente. Reacciones religiosa, atea y creyente*, Sal Terrae, Santander 1987, pp. 24-25
[3] *Ibid.*, p. 27.

El niño, no obstante, gracias a la experiencia de *saberse hijo* –acogido y protegido incondicional-mente–, puede percibir que la realidad es, en su *ser* más profundo, *buena* (benévola y acogedora), *hermosa* (atractiva y fascinante), *verdadera* (fiable y comprensible) y *unitaria* (plural y única). Descubre así que la vida encierra una *promesa*, lo que genera en él la *esperanza* en su cumplimiento y, a la vez, el *compromiso* de hacerla posible, y de esta forma le abre a una experiencia religiosa y moral auténtica:

A través del milagro de los orígenes, el hombre debe aprender a descubrir una esperanza a la que confiarse incondicionalmente; reflejo de esta esperanza es la misma incondicionalidad del imperativo moral[4].

Por otro lado, el niño intuye gradualmente la fragilidad constitutiva de toda paternidad terrena (inmanente), lo que lo impulsa a reconocer *otra paternidad* (trascendente) superando y purificando su experiencia concreta, porque la infancia y la filiación significa en último término –no en el nivel psicológico, sino ontológico– la exigencia y el deseo de un fundamento realmente consistente, de un «Principio sin principio»: «La búsqueda de Dios parte de la aceptación de la enorme fragilidad

---

[4] G. ANGELINI, *El hijo…*, cit., p. 124.

de cualquier paternidad terrestre»[5]. Y es justamente esta *fragilidad* de los padres la que hace necesario un *mandamiento* que nos recuerde «honrar al padre y a la madre» (recordar y corresponder con agradecimiento a lo que ellos nos han dado), cuando la *admiración* y el *respeto filial* ya no son tan espontáneos y evidentes como en la infancia, sino que comienzan a hacerse problemáticos:

> El honor a los padres se asocia estrechamente al mismo honor debido a Dios (*Si* 3, 10-11.16)… como reflejo de esa objetiva cualidad religiosa que la figura de los padres tiene en la vida de todo hombre […] Este valor de los padres, al principio evidente para el niño, podrá en un segundo momento ser reconocido por los hijos como verdadero, y seguido entonces prácticamente, solo a condición de que crean en él, de que capten la promesa de Dios más allá de la promesa de sus padres… y de una decisión libre; y, en relación con esa decisión, se propone el mandamiento[6].

[5] F. D'Agostino, *o. cit.*, p. 77. Según K. Rahner, *o. cit.*, p. 352: «En el niño comienza un hombre que ha de hacer frente a la maravillosa aventura de mantenerse siempre niño, de hacerse siempre niño, de realizar en esa infantilidad su filiación divina como su tarea de madurez».

[6] G. Angelini, *o. cit.*, pp. 121-124.

La vivencia de infancia y filiación –y de tener padres– constituye, pues, una vía de acceso privilegiada a la experiencia religiosa. Una *vía* que Dios mismo ha querido utilizar para darse a conocer al hombre y descubrir así que es Él –y no el hombre– el *modelo original*, quien realiza plenamente la experiencia de paternidad, quien se define constitutivamente por ella, mientras que el hombre es solo su *imagen* y está llamado a *acercarse y asemejarse* a Él cada vez más, en una *purificación constante* de su propia vivencia filial y paternal:

> Normalmente, el niño se abre a la vida sintiendo junto a él la presencia de sus padres como algo benéfico, cálido y envolvente, como un acompañamiento indispensable, como la atmósfera y el acompañamiento de su existencia. De esta experiencia primordial nacerá la estructura básica de su psiquismo. Por consiguiente, desde la fe se entendería con facilidad, no ya que el hombre pueda concebir a Dios como Padre [...], sino que Dios mismo quiera presentarse como Padre[7].

Es necesario, por todo ello, descubrir cómo aparece en la Palabra de Dios la experiencia de la infancia y la filiación, cómo se nos invita a vivirlas

---

[7] J. M. CABODEVILLA, *o. cit.*, pp. 58-60.

(purificadas) para hacer de ellas un cauce privilegiado para conocer y dar a conocer a un Dios que se ha revelado como Padre y que nos ha hecho *hijos*, y cómo las vivió Aquel que se manifestó al mundo como «el Primogénito de muchos hermanos».

1. INFANCIA Y FILIACIÓN EN OTRAS RELIGIONES Y EN EL ANTIGUO TESTAMENTO

a. *Dios como Padre.* Expresión de este anhelo común –radicado en la infancia– de encontrar en Dios amparo frente a un mundo que se presenta a menudo como inhóspito y amenazador, puede ser la frecuencia con la que el nombre de *Padre* aparece en la historia de las religiones, con significaciones variadas (creación, providencia, procedencia física, elección, redención…)[8].

Es cierto que hay religiones en las que no queda lugar para ese nombre: en algunas no se nombra de ninguna forma a Dios, que permanece siempre como un Misterio inaccesible e incognoscible para el hombre (budismo); en otras, aparece de tal forma

---

[8] Cf. las voces «Niño» y «Padre» en L. COENEN - E. BEYREUTHER - H. BIETENHARD, *Diccionario teológico del Nuevo Testamento*, III, Sígueme, Salamanca 1986, pp. 163-171; 242-248; y en X. LÉON-DUFOUR, *Vocabulario de teología bíblica*, Herder, Barcelona 1982, pp. 585s.; 623-630.

identificado con la realidad, que diluye sus rasgos personales, de modo que no se puede hablar de Dios sino más bien de «lo divino» (panteísmo); en otras, la relación de Dios con el mundo aparece marcada por la distancia e, incluso, la indiferencia: Dios es Causa Primera de todo lo que existe, pero parece desentenderse de su creación (deísmo); otras veces, la relación que establece con los hombres es de dominio absoluto, y exige una sumisión incondicional que se expresa incluso a través de sacrificios humanos (el dios Moloch, con el que polemiza el relato del sacrificio de Isaac).

En el AT hay cierta resistencia a designar a Dios con el nombre de «Padre» (solo 15 veces, 13 como título divino y 2 como invocación), porque esta designación era entendida míticamente en muchas otras religiones como engendramiento (físico-natural) de los hombres a partir de Dios, con la representación cultural de esta fecundidad a cargo de los funcionarios del templo para asegurar la abundancia de las cosechas y de la fertilidad humana. El AT subraya ante todo la *trascendencia de Dios*, que no participa ni de la sexualidad ni de la fecundidad propias del hombre. Entiende la paternidad de Dios en términos de *creación, elección y redención*:

La diferencia fundamental con las concepciones de Dios padre existentes en el contorno religioso que rodeaba a Israel consistía en que la paternidad de Dios no era entendida en el AT biológica o mitológicamente, sino soteriológicamente: la filiación divina no representa una cualidad natural, sino que se basa en la maravilla de la elección y redención divinas... Al llamar *padre* al Dios que elige y salva, se expresa tanto su amor misericordioso y perdonador (*Jr* 31, 9.20; *Os* 11, 8) como su exigencia de respeto y obediencia (*Dt* 32, 5s; *Jr* 3, 4s.19s)[9].

b. *El niño en la cultura griega y judía.* En griego, los términos usados para designar al niño encierran distintos matices que hacen referencia: a su descendencia de los padres y antepasados (*téknon*); a su edad, distinguiendo al niño de pecho o pequeño (*paidíon*) y al niño entre 7 y 14 años (*paîs*); *paîs* expresa también la posición más baja en la escala social y la antigua función de esclavo, propia del niño, y por ello puede significar también siervo o esclavo; con *népios* se subraya el desamparo, la falta de experiencia y el candor del niño (pero es también necio o simple):

La actitud de la Antigüedad griega con respecto al niño estuvo sometida a cambios. En el orden

[9] O. HOFIUS, «Padre», en L. COENEN, *o. cit.*, p. 245.

social estrechamente vinculado a la *polis*, los niños (sobre todo los hijos de la familia) son el orgullo de la familia, constituyen una ayuda, bienvenida, para el trabajo y heredan la honra y los deberes del padre. A causa de este modo de ver las cosas los niños deformes (y sobre todo las niñas) no eran ni siquiera criados (Esparta). Generaciones posteriores muestran, junto a un enfoque individualista de la vida, la tendencia a limitar el número de hijos[10].

El AT ve al niño (hijo) como un signo de la bendición divina, pero resalta mucho sus rasgos negativos: el niño es un ser inacabado, y de ahí la importancia de una educación firme, incluso por medio del castigo físico, ya que la locura está arraigada en su corazón (*Pr* 22, 15) y es necio e incapaz de comprender (*Pr* 1, 32); el padre tiene una autoridad total sobre él: puede venderlo, e incluso existe pena de muerte ante la violencia del hijo hacia sus padres (*Ex* 21, 15); además, se le relega a funciones de servicio (*Ne* 13,19; *Rt* 2, 5ss). Sin embargo, no todo es negativo:

Ya en el AT aparece el niño, precisamente por razón de su debilidad y de su imperfección nativas, como un privilegiado de Dios. El Señor

---

[10] G. BRAUMANN, «Niño», en L. COENEN, *o. cit.*, pp.163ss.; 168.

mismo es el protector del huérfano y el vengador de sus derechos (*Ex* 22, 21ss; *Sal* 68, 6); manifestó su ternura paterna y su solicitud educadora para con Israel «cuando era niño», durante la salida de Egipto y su permanencia en el desierto… Más aún: Dios no vacila en escoger a ciertos niños como primeros beneficiarios y mensajeros de su revelación y de su salvación. El pequeño Samuel acoge la palabra de Yahvé y la trasmite fielmente (*1 S* 1-3); David es elegido con preferencia a sus hermanos mayores (*1 S* 16, 1-13); el joven Daniel se muestra más juicioso que los ancianos de Israel al salvar a Susana (*Dn* 13, 44-50)»[11].

2. Infancia y filiación en la experiencia de Jesús y en la vida cristiana

2.1. *Procedencia: «Yo he venido de Dios. Salí del Padre y vine al mundo» (Jn 16, 27-28)*

Jesús es consciente de su *identidad* en relación a un Dios que conoce como Padre: no se define desde sí mismo (desvinculado y autosuficiente, como si quisiera ser su propio origen y no *deberse* ni

[11] J. Pierron - P. Grelot, «Niño», en X. Léon-Dufour, *o. cit.*, p. 585.

depender de nadie), sino desde el Padre, que «se lo ha dado todo» (*Mt* 11, 27):

> Un niño le dice a un hombre *papá* antes de decirse hijo suyo. Se lo dice a ese hombre del que depende y que lo ama. La «conciencia filial» de Jesús [el saberse Hijo de Dios], lo mismo que toda conciencia humana normal, no fue primero ni principalmente conciencia de sí. Jesús se vio favorecido con ella por Dios, que se revelaba a él en su paternidad. Él se sentía Hijo porque Dios, amándolo, se le manifestaba como su Dios-Padre. Jesús no saldrá jamás de la humildad de esta toma de conciencia inicial; no se replegará en la contemplación de su persona, sino que se reconocerá a sí mismo en el niño y propondrá al niño como modelo a sus discípulos. Eso es lo que se expresa en la invocación *¡Abba!*[12].

Para Jesús, la vida es un *don*: el ser humano no procede del azar y la necesidad, no es fruto de la casualidad ni de un destino fatal (que anule la libertad), sino que es fruto del Amor: todo niño (hijo) ha sido «deseado con ilusión y esperado con impaciencia», incluso más allá de la conciencia y el deseo de los mismos padres (para quienes el hijo puede constituir un problema, un *intruso* no de-

---

[12] F.-X. DURRWELL, *Nuestro Padre. Dios en su misterio*, p. 185.

seado); al menos, ha sido «concebido y querido» por Dios desde el primer momento, ya que Él está en el origen de toda vida humana (la vida es «la primera declaración de amor de Dios» –como pone de manifiesto el bautismo de niños–). Por eso, Jesús se indigna cuando los discípulos regañan a los niños que se acercan a Él, y los bendice: «Llevaron unos niños a Jesús para que los tocara, pero los discípulos los regañaban. Jesús, al verlo, se indignó y les dijo: "Dejad que los niños vengan a mí; no se lo impidáis, porque de los que son como ellos es el reino de Dios. Os aseguro que el que no reciba el reino de Dios como un niño, no entrará en él". Y tomándolos en brazos, los bendecía, imponiéndoles las manos» (*Mc* 10, 13-16).

Jesús se sabe fruto de un Amor que nos precede y nos trasciende, de un Amor que quiere nuestro *consentimiento* para seguir amando. Entiende su vida como un *don* del que tiene que hacer don a los demás (para no falsear su verdad y su sentido más profundo).

Llama a sus discípulos, en primer lugar, a «nacer de Dios» (*Jn* 3, 1ss) y «hacerse como niños» (*Mt* 18, 1ss), ya que solo a los pequeños se les desvela el misterio de la paternidad de Dios: «Te doy gracias, Padre, Señor del cielo y de la tierra, porque has ocultado estas cosas a los sabios y entendidos y se las has revelado a los pequeños» (*Mt* 11, 25-26).

Invita a quienes lo siguen a una segunda infancia que solo es posible desde la fe: no se trata de *volver a la infancia* (cosa, por lo demás, imposible, como ya vimos), sino de actualizar en el presente, en la edad adulta, lo mejor del niño (lo que encierra un significado y un valor permanente). Una manera de ser que es espontánea, natural y hasta inevitable en una infancia normal, pero a la que el adulto solo puede acceder a través de una decisión consciente y libre, o, para llamarlo por su nombre, de una *conversión* que es don de Dios: solo la experiencia de la paternidad de Dios –que Jesús nos ha revelado y el Espíritu nos ha regalado– nos puede *hacer nacer* a esta «segunda infancia»: «Te aseguro que nadie puede entrar en el reino de Dios si no nace del agua y del Espíritu. Lo que nace del hombre es humano; lo engendrado por el Espíritu es espiritual. Que no te cause, pues, tanta sorpresa lo que te he dicho: "Tenéis que nacer de nuevo"» (*Jn* 3, 5).

Solo ante Dios –y desde Dios– podemos «hacernos niños» por segunda vez, como Jesús. De ahí la conciencia de que también nosotros «provenimos de Él». Para san Juan, el *hijo* (*niño*) de Dios ha nacido de Él y lo demuestra siendo justo como Él: «Si sabéis que Él es justo, reconoced también que todo el que practica la justicia ha nacido de él» (*1 Jn* 2, 29; 3, 2). El amor a Dios y el amor al prójimo caracterizan el ser (identidad) de los hijos (niños) de Dios: «El que cree que Jesús es el Mesías, ha nacido de Dios. Y todo el que ama al que da el ser, debe amar también al que lo recibe de él. Por tanto, si amamos a los hijos (niños) de Dios, es señal de que amamos a Dios y de que cumplimos sus mandamientos ... Todo el que ha nacido de Dios vence al mundo; y esta es la fuerza que vence al mundo: nuestra fe» (*1 Jn* 5, 5).

2.2. Indigencia: «Siendo rico, se hizo pobre para enriquecernos con su pobreza» (2 Co 8, 9)

Jesús, «siendo de condición divina, se rebajó y tomó la condición de esclavo, pasando por uno de tantos» (*Flp* 2, 6). Como cualquier ser humano, asumió la indigencia que caracteriza la infancia, expresada como *impotencia* e *ignorancia* y experimentada como *exigencia* absoluta de los demás, sin los que el niño no puede subsistir ni madurar.

Haciéndose pequeño, tuvo necesidad, en primer lugar, de sus padres (José y María) para despertar a la conciencia de su propia identidad y al ejercicio de su libre voluntad. Con ellos empieza a saber de Dios, intuye que su Misterio lo concierne muy personalmente. Se enraíza además en las tradiciones de su pueblo, a través de las cuales aprende a conocer aún más a Dios y descubre una historia de salvación con la que se siente cada vez más comprometido e identificado. En el fondo es su Padre quien le habla a través de todo ello:

El Padre se sirve de múltiples medios para instruir al Hijo. Ya antes había escrito una carta que su «hijo primogénito» Israel tenía que leer y meditar: la Biblia. Iba dirigida, en primer lugar, al Hijo por excelencia [Jesús]. Algunas de sus páginas, por ejemplo las que se refieren al justo doliente y al siervo de Yahvé, se iluminaron quizá de pronto y tomaron a los ojos de Jesús un sentido desconocido hasta entonces, como si el Padre hubiera puesto su dedo en aquellos textos, señalando a su Hijo aludido en ellos. También los acontecimientos de su vida fueron un libro que podía descifrar... La lectura de los acontecimientos y la de las Escrituras se confirmaban mutuamente.
Sin embargo, no son ni los textos bíblicos ni estos acontecimientos los que lo instruyen por sí mismos. El Padre se sirve de ellos para hablarle en la luz del Espíritu. El conocimiento mesiánico es profético, es decir, inspirado, incluso cuando Jesús se deja instruir por las realidades humanas. Cabe pensar que a menudo la luz del Padre instruyó a Jesús... en la inmediatez del corazón, en esa intimidad en que dice: «Nadie

conoce al Hijo sino el Padre, y nadie conoce al Padre sino el Hijo»[13].

Contra lo que suele suceder, Jesús no crece *acaparando* cada vez más, sino *despojándose* cada vez más, hasta llegar a «no tener donde reclinar la cabeza» (*Mt* 9, 58). Sabiendo que «todo lo ha recibido de su Padre», vive sin la tentación de acumular, de «hacer fortuna» (santa Teresa de Lisieux). Denuncia el dinero como una *falsa seguridad*, consciente de que «no se puede servir a dos señores» y que «donde está el tesoro allí está el corazón» (*Mt* 6, 21). Jesús hace de su pobreza un testimonio de que «solo Dios basta» (santa Teresa de Jesús). Por eso, advierte a quienes quieren seguirlo de que deben estar dispuestos a seguir su camino, despojándose de todo lo que pueda impedir ese total abandono en las manos del Padre (cf. *Jn* 19, 30). Se trata de «no andar agobiados» por lo que, en el fondo, es secundario: «No os inquietéis diciendo: ¿qué comeremos?, ¿qué beberemos?, ¿con qué nos vestiremos? Esas son las cosas por las que se preocupan los paganos. Ya sabe vuestro Padre celestial que las necesitáis. Buscad ante todo el reino de Dios y su justicia, y todo lo demás se os dará por añadidura. No andéis agobiados por el día de

[13] F.-X. DURRWELL, *o. cit.*, p. 194.

mañana, que el mañana traerá su propia preocu-pación» (*Mt* 6, 31ss).

Renuncia no solo a los bienes materiales, sino a otro tipo de seguridades, para que nada se inter-ponga en su entrega a Dios y a los hombres: al prestigio y al éxito social, aceptando el fracaso des-de el principio de su misión, cuando en la sinagoga de su pueblo quieren apedrearlo (cf. *Lc* 4, 28-30) o cuando los herodianos y los fariseos empiezan a confabularse para darle muerte (*Mc* 3, 6); e incluso se siente libre de los lazos del afecto, sabiendo que pueden convertirse en cadenas y desviarlo de su misión; por ello, relativiza y trasciende la expe-riencia del amor, la familia o la amistad –aunque sin renunciar a ellas– desde su íntima experiencia del Amor de Dios, capaz de generar una nueva fa-milia: «El que cumple la voluntad de Dios, ese es mi hermano, mi hermana y mi madre» (*Mc* 3, 35). E invita a los suyos también a *despojarse*, a seguirlo con un corazón libre (*Mc* 10, 21; *Lc* 14, 26.33), no buscando solo ni ante todo el sacrificio, sino que puedan participar de su *condición filial*:

Por tanto, si hay que ser pobre, es para alcanzar a Cristo y, con él, al Padre que ES sin poseer na-da y cuyo ser es entrega de sí. Se vivirá de él co-mo hijo que lo recibe todo; se vivirá como él, en entrega de sí mismo. La pobreza cristiana es una virtud filial. El discípulo de Jesús abandona su propia casa para ir a vivir a casa de su Padre[14].

En este desposeimiento espiritual, en esta privación que puede ser muy costosa, consistiría de entrada el "hacerse como niños" hasta conseguir así eso que en un niño es completamente natural: su carencia de bienes propios, su total dependencia del padre[15].

Es la actitud reflejada en el salmo 130: «Señor, mi corazón no es ambicioso ni mis ojos altaneros; no pretendo grandezas que superan mi capacidad, sino que acallo y modero mis deseos, como un niño [destetado] en brazos de su madre». Se trata de vivir la *impotencia* (*indigencia*) como medio de santificación: seguir a Jesús, no a pesar de nuestra debilidad, sino a través de ella. Cosa que no experimentamos como una *virtud* o un mérito propio, sino todo lo contrario, como la certeza de no poseer ninguna virtud por méritos propios. Así lo vivió Teresa de Lisieux:

Soy demasiado pequeña para tener vanidad y soy demasiado pequeña para trastocar bellamente las frases a fin de haceros creer que tengo

[14] F.-X. DURRWELL, *o. cit.*, p. 203.
[15] J. M. CABODEVILLA, *o. cit.*, p. 190.

mucha humildad. Prefiero convenir con toda sencillez que el Todopoderoso ha obrado grandes cosas en el alma de su Madre, y la mayor de todas es precisamente la de haberle dado a conocer su pequeñez, su impotencia[16].

Como dice el papa Francisco: «Frente a una idea pelagiana de santidad, individualista y elitista, más ascética que mística, que pone el énfasis principal en el esfuerzo humano, Teresita subraya siempre la primacía de la acción de Dios, de su gracia. Así llega a decir: "Sigo teniendo la misma confianza audaz de llegar a ser una gran santa, pues no me apoyo en mis méritos –que no tengo ninguno–, sino en Aquel que es la Virtud y la Santidad mismas. Solo Él, conformándose con mis débiles esfuerzos, me elevará hasta Él y, cubriéndome con sus méritos infinitos, me hará santa"»[17].

2.3. Confianza: «Padre, a tus manos encomiendo mi vida» (Mt 23, 46)

A través de la sonrisa de su madre, como todo niño, Jesús descubre con maravilla el Ser, la realidad como Bondad, Belleza, Verdad y Unidad;

[16] *OC*, p. 244.
[17] FRANCISCO, exhortación apostólica *C'est la confiance*, 17.

o sea, descubre que «el Ser es Amor». A través del amor exigente del Padre descubre el mundo como *tarea*, como un proyecto inacabado y a menudo deformado por el pecado de los hombres, que él debe conducir hacia su pleno cumplimiento. A través de María y de José, Dios se muestra como Madre (Matriz originaria) y Padre (Patria prometida). En esta doble experiencia desarrolla una actitud de confianza básica que, en él, aparece infinitamente potenciada por su experiencia íntima de la *paternidad-maternidad de Dios*, a quien llama con una confianza llena de audacia *Abba*.

Abba es el término usado por los niños muy pequeños para balbucear el nombre de su padre. Es el término que, provocando el escándalo de los judíos piadosos, que ni siquiera se atrevían –por respeto– a pronunciar el nombre de Yahvé, Jesús usó para dirigirse a Dios, expresando así una *intimidad* y una *confianza* absolutas:

> La invocación a Dios con el término familiar de *abba*, que, por ser la palabra que el niño pequeño usaba para dirigirse a su padre, era totalmente nueva e inaudita en el judaísmo, es expresión de las relaciones de Jesús con Dios, que tenían un carácter excepcional. En ella se expresa tanto su confianza y obediencia al Padre

(*Mc* 14, 36) como su incomparable plenitud de poder (*Mt* 11, 25ss)[18].

Así Jesús trasciende y lleva a cumplimiento la experiencia humana del amor paterno y materno, necesarios ambos para el crecimiento del hijo pequeño, y reconoce que ambos se realizan plenamente en la Paternidad de Dios. Desde Él, descubre que la realidad es *don (bendición)* y *tarea (exigencia)*:

> En Dios existe un amor que llamaríamos *paternal*, expresivo de la trascendencia divina, un amor que lleva a sus hijos hacia delante, que guía y estimula, que abre horizontes. Y a la vez hay en Él un amor *maternal*, expresivo de la inmanencia divina, amor que significa una acogida constante, una intimidad plena, una continua invitación al regreso. Y ambos amores son un solo amor. Porque el amor de Dios orienta y exige, impone un código de comportamiento, pero a la vez apacigua y consuela y perdona. Impulsa hacia el futuro y conserva vivo el pasado. Sabe mandar y sabe esperar. Por una parte, infunde valor a sus hijos; por otra, comprende su miedo y lo excusa[19].

[18] O. HOFIUS, *art. cit.*, p. 243.

[19] J. M. CABODEVILLA, *o. cit.*, p. 104. Insiste en la importancia del *amor paterno* en la «infancia espiritual»: «para que esta no degenere en infantilismo, deberá darse dentro de su trayectoria cierta

Jesús invita a sus discípulos a participar de esta experiencia, a adentrarse en ella sin barreras de ningún tipo, con la *confianza* que es propia de los niños: les enseña a llamar a Dios *Padre Abba* (*Mt* 6, 8ss), para que la oración vaya educando en ellos una *actitud filial* cada vez más intensa. Y los primeros cristianos, conscientes de la novedad de esta forma de orar, conservan el término original arameo (*Abba*): «Habéis recibido, no un espíritu de esclavitud, para recaer en el temor, sino un espíritu de hijos adoptivos, que os permite exclamar: *Abba*, es decir, "Padre". Ese Espíritu y nuestro espíritu dan testimonio de que somos hijos de Dios» (*Rm* 8, 15s; cf. *Ga* 4, 6).

Es la confianza puesta en el padre la que hace al niño capaz de superar el miedo. Así es también para los discípulos de Jesús, a los que repite: «No tengáis miedo» (*Mt* 10, 26.28.31):

> En una situación de peligro los niños no temen si no ven temer a los mayores. Suponen que todo está controlado, que todo se halla en buenas manos. Para un creyente esta convicción ha de ser primordial, la certidumbre de que su vida está siempre en las manos de Dios[20].

etapa caracterizada, digámoslo así, por una progresiva atenuación de la figura materna».

[20] *Ibid.*, p. 196, donde también resalta lo positivo del *temor filial* (no servil) en relación a Dios: «Lejos de oponerse a la confianza,

Teresa de Lisieux se adentró en esta experiencia de *confianza incondicional*, aceptando también la oscuridad y el sufrimiento de su propia vivencia mística sin dudar nunca de Dios, sin tratar de ponerlo a prueba, sin desconfiar de su bondad y su misericordia, superando así el *temor* a adentrarse en una experiencia de *noche oscura* en la que «solo la fe nos alumbra» (san Juan de la Cruz). Lo vivió todo con el mismo «abandono del niño pequeño que se duerme sin miedo en los brazos de su padre» (*OC*, 222).

Como dice el papa Francisco: «En el fondo, su enseñanza es que, dado que no podemos tener certeza alguna mirándonos a nosotros mismos, tampoco podemos tener certeza de poseer méritos propios. Entonces no es posible confiar en estos esfuerzos o cumplimientos. El *Catecismo* ha querido citar las palabras de santa Teresita cuando dice al Señor: "Compareceré delante de ti con las manos vacías", para expresar que "los santos han tenido siempre una conciencia viva de que sus méritos eran pura gracia" (n. 2011). Esta convicción despierta una gozosa y tierna gratitud»[21].

---

el temor está a su servicio: como una fuerza tensora o un mecanismo de rectificación, para que la confianza no se deforme o se extravíe, para que no llegue a convertirse en *presunción*».

[21] FRANCISCO, *C'est la confiance*, 19.

Una confianza, sin embargo, que exige del hombre *dejarse convertir* por Dios, despojarse de sus propios criterios y deseos, para querer lo que Dios quiere: «El Señor es tan bueno conmigo que me es imposible tenerle miedo… Siempre me ha dado lo que he querido, o mejor, siempre me ha hecho desear lo que Él quería darme» (*OC*, 289).

2.4. *Obediencia*: «Mi alimento es hacer la voluntad de mi Padre» (Jn 4, 34)

Jesús sabe que *viene del Padre* (*Jn* 8, 42) y que todo lo que es lo ha recibido de Él. Sabe que *se debe* a Él: no le debe ciertas cosas, sino su vida, todo lo que es. Se define totalmente como el Hijo y por ello se siente naturalmente inclinado, o sea, obligado desde dentro de sí mismo, desde su propia verdad, a «ocuparse de las cosas de su Padre» desde su infancia (*Lc* 2, 49) –aunque implique no ser comprendido ni siquiera por sus padres–. A través de la obediencia, Jesús *progresa* en su experiencia filial:

> Jesús vivió la existencia auténtica de un hombre terreno que, por entero, estaba sometido a la ley del devenir. Presente ya en su Padre, todavía tenía que ir hacia él: siendo hombre que tenía a Dios por Padre, todavía tenía que *consentir* a

través de su libertad en lo que ya era desde su origen humano hasta el día en que «fue establecido Hijo de Dios en poder según el Espíritu de santidad»[22].

Su obediencia es la expresión y el desarrollo de su conciencia filial: en Jesús coinciden la *identidad* (ser el Hijo) y la *misión* (ser el Mesías). Él no puede entenderse al margen del designio que «en nombre de Dios» tiene que llevar a cumplimiento. Por eso, toda su vida es un *consentir y secundar* la acción de Dios en él y en el mundo, para que su obra pueda llegar a término.

La obediencia es, para san Pablo, una respuesta correlativa de los hijos a la *bondad de los padres* (cf. *Ef* 6, 1.4; *Col* 3, 20-21). También Jesús vivió sometido a la autoridad de sus padres en Nazaret antes del inicio de su vida pública; quizá esa fue su primera escuela, donde aprendió a fiarse de una autoridad (promocional) que le hacía crecer en conocimiento y fidelidad a la verdad: «Fue con ellos a Nazaret y vivió bajo su autoridad… Y Jesús iba creciendo en sabiduría, estatura y en gracia ante Dios y ante los hombres» (*Lc* 2, 51s). Los padres se sitúan así como testigos de una verdad que los trasciende también a ellos y con la que están lla-

---

[22] F.-X. Durrwell, *o. cit.*, p. 188.

mados a conformar su vida; una verdad de la que no pueden sentirse dueños ni intérpretes absolutos, lo que excluye cualquier tentación de *autoritarismo*. Desde esta clave habría que entender estas misteriosas palabras de Jesús: «No penséis que he venido a traer paz a la tierra; no he venido a traer paz, sino discordia. Porque he venido a separar al hijo de su padre, a la hija de su madre, a la nuera de su suegra; los enemigos de cada uno serán los de su casa. El que ama a su padre o a su madre más que a mí, no es digno de mí; y el que ama a su hijo o a su hija más que a mí, no es digno de mí» (*Mt* 10, 34-37).

Jesús no tiene otro deseo ni otro proyecto que «hacer la voluntad del Padre, que lo ha enviado» (*Jn* 4, 34) y «dar a conocer su nombre» para que todos tengan «vida eterna» (cf. *Jn* 17). Jesús, como Hijo, se sabe el rostro humano de Dios, la palabra que Dios ha querido dirigir a los hombres para darse a conocer, y por eso puede afirmar: «Quien me ve a mí, ve al Padre» (*Jn* 14, 9), «el Padre y yo somos uno» (*Jn* 10, 30), «nadie va al Padre sino por mí» (*Jn* 14, 6)… El *ser «hijo»* de Jesús implica, por tanto, *actuar en nombre y en lugar del Padre*. Por eso, después de curar al paralítico, dice: «Mi Padre no cesa nunca de trabajar, por eso yo trabajo también en todo tiempo […] Os aseguro que el Hijo no puede hacer nada por su cuenta; él hace únicamente lo que ve hacer al Padre: lo que hace el Padre, eso hace también el Hijo. Pues el Padre ama al Hijo y le manifiesta todas sus obras...» (*Jn* 5, 17.19-20).

Porque es *el Hijo*, no obedece en una actitud de *sumisión servil*, como la del esclavo (el Camello), que no goza de aprecio ni dignidad y obedece por temor; pero tampoco ambiciona una *autonomía autosuficiente y desvinculada*, como la del adolescente (el León), que se rebela contra cualquier autoridad (incluso la que se pone al servicio de su propio crecimiento); reconoce, por el contrario, que la voluntad de Dios es «su alimento» y hace de ella «su única pasión». Su *obediencia* es *filial* (el Niño que se sabe Hijo):

> El hombre empieza siendo Camello, soportando el fardo de una ley que otros colocaron sobre sus espaldas. En su proceso de desarrollo llega un día a sacudirse esa carga y se trasforma en León; solo acepta su propia ley. ¿Ha alcanzado por fin la perfección? Le falta dar un nuevo paso, le falta convertirse en Niño. Entonces, finalmente, ya no necesitará autoafirmarse, ya no le hará falta demostrarse a sí mismo que es libre, simplemente gozará de su libertad. He aquí el grado más alto en el desarrollo humano, la infancia, que no es la primera etapa de la vida, sino la última. El Camello vive sujeto a una

ley ajena. El León está abandonado a sus propias fuerzas. Solo el Niño se siente a la vez libre y seguro»[23].

Para el cristiano, se trata de seguir esta *obediencia filial* de Jesús, trasformando sus propios sentimientos y proyectos para *querer lo que Dios quiere*. Se trata de una *imitación* que no puede reducirse a algo exterior, sino que nace de una profunda *conversión*, de una *trasformación interior* tal, que uno pueda decir con Pablo: «Ya no soy yo, es Cristo quien vive en mí» (*Ga* 2, 20). Se trata de vivir en el espíritu de las bienaventuranzas, que constituyen el retrato más perfecto de Jesús y del discípulo que alcanza la *infancia espiritual*:

Convertirse en niño significa vivir las bienaventuranzas y encontrar la puerta estrecha del Reino… ¿No es acaso el niño pequeño pobre, manso y limpio de corazón? ¿Acaso el niño pequeño no llora ante el más mínimo dolor? ¿No está acaso el niño pequeño hambriento y sediento de justicia, y no es acaso víctima de persecución?

[23] J. M. CABODEVILLA, *o. cit.*, pp. 120-121. Habla de estos tres estadios del espíritu humano, aunque con un sentido diferente, F. NIETZSCHE, *Así habló Zaratustra*, Planeta-Agostini, Barcelona 1992, pp. 41ss.

Estas palabras dibujan el retrato del hijo de Dios. Es un autorretrato de Jesús, el Hijo Amado. Es también el retrato de lo que yo debo ser. Las bienaventuranzas me muestran el camino más simple para llegar a casa, a la casa de mi Padre. Y por esta ruta descubriré las alegrías de la segunda infancia… Y cuando llegue a casa y sienta el abrazo de mi Padre, veré que no solo he de reclamar el cielo, sino que la tierra también será mi herencia, un lugar donde puedo vivir en libertad sin obsesiones ni coacciones[24].

Además, san Juan nos da un criterio de discernimiento decisivo para distinguir quiénes son *hijos de Dios*: «la distinción entre los hijos de Dios y los hijos del diablo es esta: quien no practica la justicia y quien no ama a su hermano, no es de Dios» (*1 Jn* 3, 10). La experiencia de *filiación* exige necesariamente –y se expresa a través de– una *fraternidad* que nos vincula estrechamente a los demás hombres, de los que ya no podemos desentendernos, como Caín, diciendo: «¿Soy yo acaso el guardián de mi hermano?» (*Gn* 4, 9). Esta pregunta implica no solo negar una *obligación moral*, sino desconocer mi *identidad* (ser) y lo que implica, si no quiero falsearla y perderme. Para san Juan, «el

[24] H. NOUWEN, *El regreso del hijo pródigo*, cit., p. 60.59.

que no ama permanece en la muerte». Ser o no ser, esa es la cuestión.

Por otro lado, en momentos en que puede aflorar la *agresividad* o el *dominio* de unos sobre otros, la *relación fraterna* se favorece y salvaguarda mejor manteniendo una *actitud infantil* (de pequeñez, indefensión, juego, ternura...), como han puesto de manifiesto los etólogos en los animales superiores y los humanos: «El comportamiento infantil de los adultos inhibe o hace cesar una incipiente o ya desencadenada agresividad»[25].

J. M. Cabodevilla pone el ejemplo de los *licaones*: viven en manadas, sin jerarquías y sin peleas, ya que todo lo resuelven jugando: «En sus relaciones sociales son eternos cachorros que anteponen el juego a cualquier otro sistema de comunicación» (p. 134). La propuesta de Jesús a sus discípulos se sitúa en esta línea, pero la supera enormemente: no se trata de una conducta *natural* –determinada instintivamente, como los animales–, sino *sobrenatural* –consciente y libre, como la que Dios nos revela en Jesús–: «Los reyes de las naciones ejercen su dominio sobre ellas, y los que tienen autoridad reciben el nombre de bienhechores. Pero vosotros no debéis proceder de esta manera. Entre vosotros, el más

---

[25] M. CABADA, *o. cit.*, pp. 238s.

importante ha de ser como el menor, y el que manda como el que sirve… Pues yo estoy en medio de vosotros como el que sirve» (*Lc* 22, 25-27).

El niño es capaz de despertar lo mejor de nosotros: la disponibilidad y generosidad para responder a sus necesidades (*Lc* 11, 11-13), la alegría y el gozo de trasmitir vida (*Jn* 16, 21), el deseo de protegerlo de las amenazas (*Lc* 2, 13ss; *Jn* 4, 49-50; *Hb* 11, 23)… Por eso, también en la comunidad cristiana los *pequeños* tienen que ser un estímulo continuo para para ser mejores y, de esta forma, no frustrar sus esperanzas ni escandalizarlos: «El que acoge a un niño como este en mi nombre, a mí me acoge. Al que escandalice a uno de estos pequeños que creen en mí, más le valdría que le ataran una piedra de molino al cuello y lo arrojaran al mar… Cuidado con despreciar a uno de estos pequeños; porque os digo que sus ángeles en el cielo contemplan sin cesar el rostro de mi Padre celestial… Vuestro Padre celestial no quiere que se pierda ni uno solo de estos pequeños» (*Mt* 18, 5-6.10.14; *Mc* 9, 37).

2.5. Simplicidad: «Deponed toda malicia y engaño… como niños recién nacidos» (1 P 2, 1)

Jesús es *trasparente*, se expresa con libertad, no teme ser incomprendido o malinterpretado; no condiciona su fidelidad a Dios a los gustos, expectativas o intereses de los demás. Puede decir con plena convicción: «Yo he hablado siempre en público. He enseñado en las sinagogas y en el templo, donde se reúnen todos los judíos. No he enseñado nada clandestinamente» (*Jn* 18, 20). Su *autenticidad* lo autoriza a denunciar la *falsedad*, la doblez y la hipocresía de los que en su tiempo se tenían por *piadosos*: «¡Ay de vosotros, maestros de la ley y fariseos hipócritas, que parecéis sepulcros blanqueados: por fuera parecen bonitos, pero por dentro están llenos de huesos de muerto y podredumbre! Lo mismo pasa con vosotros: por fuera parecéis justos ante los hombres, pero por dentro estáis llenos de hipocresía y de maldad» (*Mt* 23, 27ss).

Pero la simplicidad de Jesús no consiste solo en ausencia de doblez, en trasparencia, sino también en *pureza de corazón* (*inocencia*): es la actitud del que ve y aprecia las cosas según su propia verdad y valor, como Dios las ve y viendo a Dios en ellas («Dichosos los limpios de corazón, porque ellos verán a Dios»); el que ha purificado sus deseos, configurándolos con el deseo de Dios, con los «sentimientos de Cristo» (*Flp* 2, 5); el que tiene una *mirada limpia* que le hace habitar (*permanecer*) en la verdad y en el bien: «El ojo es la lámpara del cuerpo. Si tu ojo está sano, todo tu cuerpo está iluminado; pero si tu ojo está enfermo, todo tu cuerpo está en tinieblas. Y si la luz que hay en ti es tiniebla, ¡qué grande será

113

la oscuridad!» (*Mt* 6, 22-23). Es recuperar el *corazón puro* de la infancia (Bonhoeffer):

> Es el corazón simple, que nada sabe del mal y del bien, el corazón en el que no reina la moralidad ni tampoco la inmoralidad, sino la tranquila y gozosa experiencia del Señor, el corazón de los niños[26].

Habría que decir, como siempre, que lo que en el niño es *natural y espontáneo* –y no constituye ningún mérito ni virtud–, en el creyente adulto solo puede ser fruto de la *conversión* y de la *gracia de Dios*. Se trata, pues, de una *segunda inocencia*, de una infancia recuperada, que no desconoce el mal, sino que se deja seducir de nuevo por el bien (sin interponer ninguna resistencia).

Es, por tanto, la capacidad de concentrar la vida en lo más importante, en «lo único necesario», en lo que realmente debe ser amado sobre todas las cosas, y de esta forma *simplificar y unificar* el corazón en torno a un único Absoluto: «Buscad ante todo el reino de Dios y su justicia, y todo lo demás se os dará por añadidura» (*Mt* 6, 33; *Lc* 10, 41-42). Según el libro de la Sabiduría, lo único realmente importante es: «Buscad al Señor con sencillez de corazón» (1, 1).

---

[26] J. M. CABODEVILLA, *o. cit.*, p. 229.

Desde esta inocencia, Jesús es capaz de descubrir, más allá de las apariencias y del pecado de los hombres, su belleza oculta, lo que hay de Dios en ellos, con frecuencia deformado y sofocado por el propio pecado o la maldad de otros. Es capaz de descubrir a aquellos con quienes se encuentra su *verdadero rostro*, que les hace reconocerse como *hijos de Dios*. Por ello, su mirada cura a la gente, la recrea interior y exteriormente, como se muestra patente y sorprendentemente en sus milagros (*situaciones bautismales*).

Invita a sus discípulos a ser «sencillos como palomas y prudentes como serpientes» (*Mt* 10, 16), haciendo ver de nuevo que no se trata de negar lo que el adulto tiene de bueno (la *prudencia*), sino de saber ponerlo al servicio de la simplicidad propia de la infancia, para protegerla y acrecentarla. San Pedro exhorta también a los cristianos a hacer este esfuerzo: «Deponed, pues, toda malicia y todo engaño, así como cualquier tipo de hipocresía, envidia o maledicencia. Como niños recién nacidos, apeteced la leche pura del Espíritu, para que, alimentados con ella, crezcáis, hasta alcanzar la salvación, ya que habéis saboreado la bondad del Señor» (*1 P* 2, 1).

2.6. Asombro: «Danos hoy nuestro pan de cada día» (Mt 6, 11)

Jesús descubre el misterio que las cosas encierran y reflejan: ve la providencia de Dios en la naturaleza, su acción salvadora y fiel en la historia de su pueblo, la fe sencilla en la vida de la gente (incluso de los paganos)... Nada le pasa desapercibido, sabe que Dios le está hablando a través de todo ello. Por eso, mantiene viva la esperanza y no abandona los *sueños de la infancia*. Se esfuerza y lucha, pero sabiendo que las cosas están en manos de Dios Padre, y por eso no se agobia, descansa cuando lo necesita y supera la tentación de la eficacia inmediata –a toda costa– y de querer asegurar lo ya conseguido. Sabe *vivir al día*, como los niños: «No andéis preocupados por el día de mañana, que el mañana traerá su propia preocupación. A cada día le basta su propio afán» (*Mt* 6, 34). Pide solo para hoy: «danos hoy nuestro pan de cada día».

Una actitud propia de la infancia espiritual que entendió a la perfección Teresa de Lisieux: «He observado con frecuencia que Jesús no quiere darme provisiones. Me sustenta a cada instante con un alimento enteramente nuevo, recién hecho; lo encuentro en mí sin saber cómo ni de dónde viene» (*OC* 198). Una actitud de *vivir al día* necesaria también para afrontar los momentos más difíciles, exigentes o dolorosos de la experiencia cristiana –el seguimiento de Jesús hasta la cruz– y que, por tanto, no autoriza una concepción de la vida cristiana *color de rosa*:

> Ven y guía mis pasos, dulce amigo mío, nada más que por hoy… Dame tu amor, Señor, consérvame en tu gracia, nada más que por hoy… Acepto la prueba, acepto el sufrimiento, nada más que por hoy… Yo solo sufro de instante en instante. La razón por la que nos desanimamos y desesperamos es que pensamos en lo pasado y en lo por venir» (*OC*, 696-697 y 950)[27].

Es justamente esta actitud de *no atesorar* la que nos obliga a dirigirnos a Dios «cada día», a apoyarnos en Él «cada día» y a darle gracias a Él «cada día». Es la actitud propia de una fe filial e infantil, que no pone en duda la *providencia de Dios*, que no se deja vencer por la sospecha que enturbia las relaciones entre los adultos y que, por eso, se libera del deseo de «querer atarlo todo» (cosa, por lo demás, siempre imposible para el hombre): «No acumuléis tesoros en esta tierra, donde la polilla y la carcoma echan a perder las cosas y donde los ladrones socavan y roban. Acumulad mejor tesoros

---

[27] Pudo vivir incluso la «prueba de la fe», como dice el papa Francisco, desde esta inquebrantable confianza en Dios: cf. *C'est la confiance*, 25-26.

en el cielo, donde ni la polilla ni la carcoma echan a perder las cosas, y donde los ladrones no socavan ni roban» (*Mt* 6, 19).

Es esta actitud la que permite vivir con *actitud de juego*, como una aventura apasionante, con imaginación y osadía, todas las cosas de la vida, incluso las más importantes. Solo así es posible mantener encendida la chispa de la vida, la *ilusión* y la *fantasía*, que no dejan de ser la cara infantil de la esperanza, la virtud que despierta en la niñez alimentada por los cuentos que los mayores no dejan de contar a los pequeños para preservarles, quizá, de un choque demasiado brusco con la realidad; a través de ellos, sin embargo, les trasmiten su propia esperanza de que el mundo no es solo lo que parece ser, que no se agota en lo que podemos ver y comprobar con los ojos de la cara, sino que permanece abierto a lo que intuimos (y soñamos) con los *ojos del corazón*:

Se dice que Adán únicamente pudo sacar del paraíso dos cosas: la risa y el juego. En cuanto herencia y nostalgia de la niñez, el juego se revela en definitiva como herencia y nostalgia del paraíso. El juego manifiesta al hombre su destino primordial, un destino anterior y superior… Entre uno y otro paraíso, mientras dura este exilio, el juego está destinado a recordarnos nuestra condición de ciudadanos del cielo, a la vez que proporciona consuelo y alivio a los desterrados hijos de Eva. El juego posee una significación profética, ética y religiosa[28].

En esta línea, dice Von Balthasar: «De esta manera el Hijo, como el niño, tiene espacio para el juego y, puesto que se identifica con la Sabiduría de Dios, puede alegrarse "delante de él a cada instante", puede recrearse "con el globo terrestre" (*Pr* 8, 30ss). Aun así, la complacencia del Padre llena todo el ámbito del juego, de forma que el Hijo hace siempre lo que le agrada al Padre y cumple su encargo (*Jn* 14, 31)»[29].

Santa Teresa de Lisieux también expresó bien esta actitud cristiana cuando escribía «yo quería divertir al Niño Jesús» y se imaginaba a sí misma como una «pelotita» con la cual el niño Jesús unas veces jugaba y otras la dejaba olvidada en el suelo (*OC* 171). Es una manera poco común –y quizá para algunos irreverente– de vivir una relación con Dios inspirada ante todo por el deseo de agradarle y consciente de la pequeñez de sus propios logros en relación con Él.

---

[28] J. M. Cabodevilla, o. cit., pp. 252-253.
[29] H. U. von Balthasar, «Se non diventerete come questo bambino», cit., pp. 29.41.

2.7. Crecimiento: «No actuéis como niños en vuestra manera de juzgar» (1 Co 14, 20)

Jesús critica el infantilismo de quienes no quieren asumir la responsabilidad de una decisión personal en favor o en contra de Él, quienes se refugian en una actitud veleidosa, indecisa y caprichosa: «¿Con quién compararé a los hombres de esta generación? ¿A quién se parecen? Se parecen a esos muchachos que se sientan en la plaza y, unos a otros, cantan esta copla: "Hemos tocado la flauta y no habéis danzado; os hemos entonado lamentaciones y no habéis llorado"» (*Lc* 7, 32; *Mt* 11, 16).

Por tanto, no se trata de seguir con la conducta irresponsable, indecisa o caprichosa que caracteriza la infancia, y, en este sentido, *hay que dejar la infancia*: «Así que no seamos niños caprichosos, que se dejan llevar por cualquier viento de doctrina, engañados por esos hombres astutos que son maestros en el arte del error. Por el contrario, viviendo con autenticidad el amor, crezcamos en todo hacia aquel que es la cabeza, Cristo» (*Ef* 4, 14-15)[30].

Pablo se refiere a la experiencia del crecimiento para compararla con la madurez de vida que supone

---

[30] G. BRAUMANN, *art. cit.*, pp. 164-165, comenta: «de cristianos influenciables, como los niños menores de edad, han de formarse cristianos maduros».

la caridad cristiana: «Cuando yo era niño, hablaba como niño, razonaba como niño; al hacerme hombre, he dejado las cosas de niño» (*1 Co* 13, 11). Sin embargo, hay que saber conservar lo mejor de la infancia *superando sus límites* (complementándolos con lo mejor de la edad adulta): «Hermanos, no actuéis como niños en vuestra manera de juzgar; tened la inocencia del niño en lo que se refiere al mal, pero sed adultos en vuestros criterios» (*1 Co* 14, 20). Se trata, en definitiva, de superar una manera inmadura de entender y vivir la vida cristiana para alcanzar la *madurez* de la experiencia filial a la que estamos llamados (*Ga* 4, 1-4; cf. *1 Co* 3, 1-3; *Hb* 5, 13).

Jesús, sabiéndose Hijo y, por tanto, *heredero y sucesor*, asume la gran responsabilidad de *representar al Padre* en el mundo. Tiene que actuar como Él porque actúa *en su nombre*: a través de su perdón, de sus milagros, de su amor... manifiesta el perdón, el poder, el amor de Dios. Su fe filial no lo lleva a refugiarse en un infantilismo estéril, sino que lo compromete, lo moviliza y lo responsabiliza. Se trata de *ser perfecto como el Padre celestial es perfecto...*, para ser expresión e instrumento de su misericordia en el mundo: «Después de hablar Dios de muchas maneras y de diversos modos antiguamente a nuestros padres por medio de los profetas, en los últimos tiempos nos ha hablado por el hijo, a quien constituyó heredero de todas las cosas y por quien hizo también el universo. El Hijo, que, siendo resplandor de su gloria e imagen perfecta de su ser, sostiene todas las cosas con su palabra poderosa y que, una vez realizada la purificación de los pecados, se sentó a la derecha de Dios en las alturas» (*Hb* 1, 1-3)[31].

San Pablo y los apóstoles –sintiéndose «apremiados por el amor de Cristo»– asumen la misión de revelar a otros el misterio escondido de Dios –que se les ha revelado en Jesús–, y la ejercen en clave de paternidad (espiritual) en relación a los cristianos y comunidades que han iniciado, por lo que es frecuente el término hijos o niños (*téknon, paidíon*) para designar a los cristianos (cf. *1 Co* 4, 14.17; *2 Co* 6, 13; *Ga* 4, 19; *Flp* 2, 22; *1 Jn* 2, 1.18.28; 3, 7.18; 4, 4)[32]: «Aunque podríamos haber dejado sentir nuestra autoridad como apóstoles de Cristo, nos comportamos afablemente con vosotros

---

[31] La originalidad de la revelación cristiana radica no tanto en que Dios se haya revelado como «Padre», pues ya vimos que era una denominación común en otras religiones, sino en que es *el Hijo* quien nos ha revelado y asociado (como «hijos en el Hijo») a ese misterio de Amor y Vida compartida.

[32] En relación a la autodesignación de los cristianos con el término *paides* (niños), escribe G. BRAUMANN, *art. cit.*, pp. 163: «Luciano se burla de los cristianos, que incluso se llaman a sí mismos *paîdes* (de *paîs*), calificándolos de "niños insensatos"».

como una madre que cuida de sus hijos con amor...
Sabéis que tuvimos con cada uno de vosotros la
misma relación que un padre tiene con sus hijos,
exhortándoos, animándoos y urgiéndoos a llevar
una vida digna de Dios, que os ha llamado a su
reino y a su gloria» (*1 Ts* 2, 7.11s).

3. Conclusión
«Hijo, todo lo mío es tuyo» (*Lc* 15, 31)

De todo lo que hemos visto, podemos deducir que solo quien se hace como un niño y se reconoce hijo puede conocer el amor de Dios, representar al Padre y actuar en su nombre. Algo absolutamente necesario para quien se siente llamado a educar en la fe a los demás y, especialmente, a los niños. Ellos nos enseñan esta actitud, esta infancia espiritual que nos abre al don de Dios con sencillez de corazón, como santa Teresa del Niño Jesús. Ella, como dice el papa Francisco, «junto con la fe, vive intensamente una confianza ilimitada en la infinita misericordia de Dios: "la confianza puede conducirnos al Amor". Vive, aun en la oscuridad, la confianza total del niño que se abandona sin miedo en los brazos de su padre y de su madre. Para Teresita, de hecho, Dios brilla ante todo a través de su misericordia, clave de comprensión de cualquier otra cosa que se diga de Él: "A mí me ha dado su misericordia infinita, ¡y a través de ella contemplo y adoro las demás perfecciones divinas…! Entonces todas se me presentan radiantes de amor; incluso la justicia (y quizá esta más aún que todas las demás) me parece revestida de amor". Este es uno de los descubrimientos más importantes de Teresita, una de las mayores contribuciones que ha ofrecido a todo el Pueblo de Dios. De modo extraordinario, penetró en las profundidades de la misericordia divina y de allí sacó la luz de su esperanza ilimitada»[1]. Por eso pudo después descubrir su lugar, su vocación y su misión en la Iglesia, que son también los nuestros, y especialmente de aquellos que, mediante la catequesis, están llamados a ser testigos de su amor con obras y palabras, con la enseñanza y el testimonio:

> Al mirar el cuerpo místico de la Iglesia, yo no me había reconocido en ninguno de los miembros descritos por san Pablo; o, mejor dicho, quería reconocerme en todos ellos… La caridad me dio la clave de mi vocación. Comprendí que si la Iglesia tenía un cuerpo, compuesto de diferentes miembros, no podía faltarle el más necesario, el más noble de todos ellos. Comprendí que la Iglesia tenía un corazón, y que ese corazón estaba ardiendo de amor. Comprendí que solo el amor podía hacer actuar a los miembros de la Iglesia; que si el amor llegaba a apagarse,

---

[1] Francisco, *C'est la confiance*, 27.

los apóstoles ya no anunciarían el Evangelio y los mártires se negarían a derramar su sangre… Comprendí que el amor encerraba en sí todas las vocaciones, que el amor lo era todo, que el amor abarcaba todos los tiempos y lugares… En una palabra, ¡que el amor es eterno…! Entonces, al borde de mi alegría delirante, exclamé: ¡Jesús, amor mío…, al fin he encontrado mi vocación! ¡Mi vocación es el amor…! Sí, he encontrado mi lugar en la Iglesia, y ese lugar, Dios mío, eres tú quien me lo ha dado… En el corazón de la Iglesia, mi Madre, yo seré el amor… Así lo seré todo… ¡¡¡Así mi sueño se verá hecho realidad…!!! (*OC* 229-230).

Una síntesis de todo esto se encuentra en la parábola del hijo pródigo: el hijo menor siente la necesidad de dejar la casa paterna para encontrar su propia identidad y ser feliz, pero descubre que solo reconociéndose *el hijo amado* del padre puede saber quién es y realizarse plenamente; el hijo mayor vive con el padre pero no ha descubierto que «todo es suyo», no se ha encontrado con el amor que suscita el gozo y el aprecio de la vida; pero ambos están llamados no solo a reconocer el amor del padre y dejarse acoger por él, sino a *asemejarse a él*, aceptando actuar en su nombre, prolongando hacia los demás el amor experimentado y ayudándolos a reconocerse también *hijos en el Hijo*. Un reto y una aventura, en la que el Primogénito nos ha precedido, enseñándonos el camino:

Jesús nos enseña en qué consiste la verdadera condición de hijo. Es el hijo menor sin ser rebelde. Es el hijo mayor sin ser rencoroso. Es obediente al Padre en todo, pero no es su esclavo. Escucha todo lo que le dice el Padre, pero esto no lo convierte en su criado. Hace todo lo que le dice el Padre que haga, pero es completamente libre. Lo da todo y lo recibe todo... Esta es la condición divina de hijo, la condición a la que estoy llamado... Jesús, el Amado del Padre, abandona la casa paterna para acabar con los pecados de los hijos caprichosos y devolverlos a casa. Pero hasta su marcha, permanece cerca del Padre, le obedece y ofrece curación a sus hermanos y hermanas resentidos. Así, por mí, Jesús se convierte en el hijo menor y en el hijo mayor para enseñarme cómo convertirme en el Padre. A través de Él, puedo volver a ser un verdadero hijo y, como verdadero hijo, puedo llegar a ser misericordioso como lo es nuestro Padre celestial»[2].

---

[2] H. J. M. NOUWEN, *o. cit.*, pp. 137-138; y, en referencia a su experiencia personal, afirma: «mi vocación última es la de ser como el Padre y vivir su divina compasión en mi vida cotidiana... Nadie

Y, de algún modo, eso es lo que todo catequista está llamado a experimentar en carne propia y a ayudar a experimentar a los catecúmenos. Pero es una experiencia que solo se nos hace accesible si nos hacemos *niños* y nos descubrimos *hijos* muy amados del Padre, a imagen de Cristo, como «hijos en el Hijo». Los niños nos ayudan a reavivar continuamente en nosotros esta doble experiencia de infancia y filiación, y nosotros podemos ayudarlos a ellos a vivirla de un modo más consciente y más pleno en referencia a Dios, y contemplando en Jesús a quien nunca dejó de ser *niño* e *hijo* ante Dios. Las actitudes que hemos contemplado como propias de la infancia y las que hemos contemplado en la persona de Jesús nos enseñan a vivir plenamente el mandamiento que Jesús nos propone, de hacernos niños para ser hijos sin caer ni en el *infantilismo*, estancándonos en la inmadurez, ni en la *autosuficiencia*, creyéndonos maduros antes de tiempo. No solo a ellos; también a nosotros nos acechan ambas tentaciones, y solo Jesús, como

ha sido padre o madre sin antes ser hijo o hija, pero cada hijo e hija debe elegir conscientemente dar un paso más y convertirse en padre o madre para otros. Es un paso muy duro y solitario de dar –especialmente en un período de la historia en que es tan difícil vivir bien la paternidad– pero a la vez es un paso esencial para el cumplimiento del viaje espiritual» (p. 132).

Hijo amado del Padre, puede ayudarnos a superarlas. Dios quiera que lo haga y que la catequesis sea para todos –tanto niños como adultos– una escuela que nos adentre en esa *infancia espiritual* y esa *filiación sobrenatural* que todos debemos vivir en el seno de la Iglesia y de la sociedad, para ser testigos de la infinita misericordia de Dios en un mundo tan inmisericorde como este, a semejanza de santa Teresa del Niño Jesús:

En un tiempo que nos invita a encerrarnos en nuestros propios intereses, Teresita nos muestra la belleza de hacer de la vida un regalo. En un momento en que prevalecen las necesidades más superficiales, ella es testimonio de la radicalidad evangélica. En un tiempo de individualismo, ella nos hace descubrir el valor del amor que se vuelve intercesión. En un momento en el que el ser humano se obsesiona por la grandeza y por nuevas formas de poder, ella indica el camino de la pequeñez. En un tiempo en el que se descarta a muchos seres humanos, ella nos enseña la belleza de cuidar, de hacerse cargo del otro. En un momento de complicaciones, ella puede ayudarnos a redescubrir la sencillez, la primacía absoluta del amor, la confianza y el abandono, superando una lógica legalista o eticista que llena la vida cristiana de observancias o preceptos y congela la alegría del Evangelio. En un tiempo de repliegues y de cerrazones, Teresita nos invita a la salida misionera, cautivados por la atracción de Jesucristo y del Evangelio[3].

[3] FRANCISCO, *C'est la confiance*, 52.

Bibliografía

ANGELINI, G., *El hijo: una bendición, una tarea*, San Pablo, Santafé de Bogotá 1994.

BALTHASAR, H. U. VON, «Se non diventerete come questo bambino», en *Incontrare Cristo*, Piemme, Milano 1993.

BUTTIGLIONE, R., *L'uomo e la famiglia*, Ed. Dino, Roma 1991.

CABADA CASTRO, M., *La vigencia del amor. Afectividad, hominización y religiosidad*, San Pablo, Madrid 1994.

CABODEVILLA, J. M., *Hacerse como niños. Necedad para los sabios y escándalo para los justos*, BAC, Madrid 1994.

DURRWELL, F.-X., *Nuestro Padre. Dios en su misterio*, Sígueme, Salamanca 1992.

FRANCISCO, PAPA, exhortación apostólica *C'est la confiance* con motivo del 150º Aniversario del nacimiento de santa Teresa del Niño Jesús (15-10-2023).

GREEN, G., *La infancia perdida y otros ensayos,* Seix Barral, Barcelona 1986.

GUARDINI, R., *La aceptación de sí mismo. Las edades de la vida,* Cristiandad, Madrid 1983.

GUITTON, J., *Cuando el amor no es un romance,* Atenas, Madrid 1971.

MAQUIRRIAIN, J. M., *La trayectoria humana a la luz del Análisis Transaccional,* Dosbe, Madrid 1982.

MARCEL, G., *Homo Viator,* Ed. Borla, Roma 1980.

MARTORELL, J. L., *¿Qué nos pasa una y otra vez? Análisis transaccional en la familia,* Marsiega, Madrid 1983.

ID., *Guiones para vivir. Psicología de los cursos de vida,* PPC, Madrid 1988.

NOUWEN, H. J. M., *El regreso del hijo pródigo. Meditaciones ante un cuadro de Rembrandt,* PPC, Madrid 1994.

RAHNER, K., «Ideas para una teología de la niñez», en *Escritos de teología,* VII, Taurus, Madrid 1969.

ID., *Teresa de Lisieux. Historia de una misión.*

SUÁREZ RODRÍGUEZ, J.L., *Elogio de la simplicidad,* Apis, Madrid 1992.

Índice